Sont parus dans cette collection :

1. *Croc-Blanc*
2. *La case de l'oncle Tom*
3. *Heidi, fille de la montagne*
4. *Robinson Crusoé*
5. *La petite princesse*
6. *Le dernier des Mohicans*
7. *L'île au trésor*
8. *Cosette*
9. *Le tour du monde en 80 jours*
10. *Les petites filles modèles*
11. *Les malheurs de Sophie*
12. *Les quatre filles du Dr. March*
13. *Robin des bois*
14. *Moby Dick*
15. *20.000 lieues sous les mers*
16. *Le Corsaire Rouge*
17. *Le Capitaine Fracasse*
18. *La jeunesse de Heidi*
19. *La flèche noire*
20. *Le petit Lord*
21. *Un bon petit diable*
22. *La petite Fadette*
23. *Les lettres de mon moulin*
24. *Cinq semaines en ballon*
25. *Don Quichotte*
26. *Oliver Twist*
27. *Fantine*
28. *Les trois mousquetaires*
29. *La tulipe noire*
30. *Ivanhoé*
31. *L'appel de la forêt*
32. *Jane Eyre*
33. *Les deux nigauds*
34. *La mare au diable*
35. *Heidi, jeune fille*
36. *Les patins d'argent*
37. *Kazan*
38. *David Copperfield*
39. *La sœur de Gribouille*
40. *Heidi, maman*
41. *Le bossu*
42. *La petite Dorrit*
43. *Le chevalier de Lagardère*
44. *Maroussia*
45. *Les mémoires d'un âne*
46. *Gavroche*
47. *Les cinq sous de Lavarède*
48. *L'auberge de l'ange gardien*
49. *Voyage au centre de la Terre*
50. *Notre-Dame de Paris*
51. *Le général Dourakine*
52. *Jean Valjean*
53. *Heidi, petite-fille de Heidi*
54. *Les vacances*
55. *Sissi*
56. *Les douze travaux d'Hercule*
57. *Le Comte de Monte-Cristo I*
58. *Le Comte de Monte-Cristo II*
59. *Tom Sawyer*
60. *Heidi et l'enfant sauvage*
61. *La légende de Mulan*
62. *La quête du Graal*
63. *François le bossu*
64. *Buffalo Bill*
65. *Sans famille I*
66. *Sans famille II*
67. *Le roman de la momie*
68. *Michel Strogoff I*
69. *Michel Strogoff II*
70. *Poil de Carotte*
71. *L'île mystérieuse*
72. *Pauvre Blaise*
73. *De la Terre à la Lune*
74. *Autour de la Lune*
75. *Frankenstein*
76. *Marie Castelain*
77. *Les yeux de Mara*
78. *La bête des sables*
79. *Le violon du diable*
80. *Le pentacle d'Anaël*
81. *Le voyage de fin d'année*
82. *Tristan et Iseult*
83. *Histoires extraordinaires*
84. *Sherlock Holmes*
85. *Alice au pays des merveilles*
86. *Les derniers jours de Pompéi*
87. *Menaces sur le Président*
88. *Jean qui grogne et Jean qui rit*
89. *Bari chien-loup*

LES PETITES FILLES MODELES

d'après la Comtesse de Ségur

Adaptation de Hector Katz
Illustrations de Jean-Marie Yans

Editions HEMMA

Chapitre I

CAMILLE ET MADELEINE

Mme de Fleurville était la mère de deux petites filles, bonnes, gentilles, aimables, et qui avaient l'une pour l'autre le plus tendre attachement. Jamais on n'entendait une discussion entre Camille et Madeleine. Tantôt l'une, tantôt l'autre cédait au désir exprimé par sa sœur.

Pourtant leurs goûts n'étaient pas exactement les mêmes. Camille, plus âgée d'un an que Madeleine, avait huit ans. Plus vive, préférant les jeux bruyants, elle aimait courir, faire du tapage. Jamais elle ne s'amusait autant que lorsqu'il y avait une grande réunion d'enfants, qui lui permettait de se livrer à ses jeux favoris.

Madeleine préférait au contraire les soins qu'elle donnait à sa poupée et à celle de Camille, qui, sans Madeleine, eût risqué souvent de passer la nuit sur une chaise.

Mais Madeleine abandonnait avec plaisir son livre ou sa poupée dès que sa sœur exprimait le désir de se promener ou de courir ; Camille, de son côté, sacrifiait son amour pour la promenade et pour la chasse aux papillons dès que Madeleine témoignait l'envie de se livrer à des amusements plus calmes.

Elles étaient parfaitement heureuses, ces bonnes petites sœurs, et leur maman les aimait tendrement.

Chapitre II

LA PROMENADE, L'ACCIDENT

Un jour, Madeleine peignait sa poupée ; Camille voulait faire le déménagement des poupées.

MADELEINE. — Je t'assure, Camille, que les poupées étaient mieux logées dans leur ancienne maison ; il y avait bien plus de place pour leurs meubles.

CAMILLE. — Oui, c'est vrai, Madeleine ; mais elles s'y ennuyaient. Elles pensent d'ailleurs qu'elles auront plus chaud dans une petite chambre.

MADELEINE. — Oh ! quant à cela, elles se trompent bien, car elles sont près de la porte, qui leur donnera du vent, et leurs lits sont tout contre la fenêtre, qui ne leur donnera pas de chaleur non plus.

CAMILLE. — Eh bien! quand elles seront restées quelque temps dans cette nouvelle maison, nous tâcherons de leur en trouver une plus commode. Du reste, cela ne te contrarie pas, Madeleine?

MADELEINE. — Oh! pas du tout, Camille, surtout si cela te fait plaisir.

Camille proposa à Madeleine d'aller chercher leur bonne pour faire une longue promenade. Madeleine y consentit avec plaisir; elles appelèrent donc Elisa.

— Ma bonne, lui dit Camille, voulez-vous venir promener avec nous?

ELISA. — Volontiers, mes petites; de quel côté?

CAMILLE. — Du côté de la grand-route, pour voir passer les voitures.

MADELEINE. — Et si nous voyons de pauvres femmes et de pauvres enfants, nous leur donnerons de l'argent. Je vais emporter cinq sous.

CAMILLE. — Oh oui! tu as raison, Madeleine; moi aussi!

Voilà les petites filles bien contentes; elles coururent devant leur bonne et arrivèrent à la barrière qui les séparait de la route.

— Ah! j'entends une voiture, s'écria Madeleine.

— Oui. Comme elle va vite! nous allons bientôt la voir.

— Ecoute donc, Camille; n'entends-tu pas crier?

— Non, je n'entends que la voiture qui roule.

Madeleine ne s'était pas trompée. On entendit bien distinctement des cris perçants, et les petites filles et la bonne virent arriver une voiture attelée de trois chevaux de poste lancés ventre à terre, que le postillon cherchait vainement à retenir.

Dans la voiture, une dame et une petite fille de quatre ans criaient.

A cent pas de la barrière, le postillon fut renversé de son siège, et la voiture lui passa sur le corps; les chevaux, ne se sentant plus retenus ni dirigés, redoublèrent de vitesse et s'élancèrent vers un fossé très profond. La voiture versa dans le fossé, les chevaux furent entraînés dans la chute; on entendit un cri perçant, un gémissement plaintif, puis plus rien.

Quelques instants se passèrent avant que la bonne fut assez revenue de sa frayeur pour songer à secourir cette malheureuse dame et cette pauvre enfant qui, probablement, avaient été tuées par la violence de la chute. Aucun cri ne se faisait plus entendre. Et le malheureux postillon, écrasé par la voiture, ne fallait-il pas aussi lui porter secours?

Enfin, elle se hasarda à s'approcher de la voiture culbutée dans le fossé. Camille et Madeleine la suivirent en tremblant.

Un des chevaux avait été tué; un autre avait la cuisse cassée; le troisième, étourdi et effrayé, ne bougeait pas.

— Je vais essayer d'ouvrir la portière, dit la bonne; mais n'approchez pas, mes petites : si les chevaux se relevaient, ils pourraient vous tuer.

Elle ouvrit et vit la dame et l'enfant sans mouvement.

— Ah ! mon Dieu ! la pauvre dame et la petite fille sont mortes ou grièvement blessées.

Camille et Madeleine pleuraient. Elisa parvint à dégager l'enfant, qu'elle retira pâle et sanglante. Elle demanda aux deux sœurs si elles auraient la force et le courage d'emporter la pauvre petite jusqu'au banc.

— Oh oui ! ma bonne, dit Camille ; donnez-la nous. Pauvre petite, elle est couverte de sang ; mais elle n'est pas morte, j'en suis sûre. Madeleine, aide-moi.

— Je ne peux pas, Camille, répondit Madeleine d'une voix faible et tremblante. Ce sang, cette pauvre mère morte, je ne puis...

— Je l'emporterai donc seule, dit Camille. J'en aurai la force.

En disant ces mots, elle releva la petite, la prit dans ses bras et, malgré ce poids trop lourd pour ses forces et son âge, elle chercha à gravir le fossé ; mais son pied glissa, ses bras allaient laisser échapper son fardeau, lorsque Madeleine, surmontant sa frayeur et sa répugnance, s'élança au secours de sa sœur et l'aida à porter l'enfant.

Camille étendit la petite fille sur ses genoux ; Madeleine apporta de l'eau qu'elle était allé chercher dans un fossé ; Camille lava et essuya avec son mouchoir le sang qui inondait le visage de l'enfant, et ne put retenir un cri de joie en voyant que la pauvre petite fille n'avait pas de blessure.

— Madeleine, ma bonne, venez vite; la petite n'est pas blessée... elle vit! Oui, elle respire, elle ouvre les yeux.

Madeleine accourut; l'enfant venait en effet de reprendre connaissance. Elle regardait autour d'elle d'un air effrayé.

— Maman! dit-elle, maman! je veux voir maman!

— Ta maman va venir, ma bonne petite, répondit Camille en l'embrassant. Ne pleure pas! reste avec moi et avec ma sœur Madeleine.

— Non, non, je veux voir maman; ces méchants chevaux ont emporté maman.

— Pas du tout! Voilà ma bonne Elisa; elle apporte ta maman qui dort.

La bonne, aidée de deux hommes qui passaient sur la route, avait retiré de la voiture la mère de la petite fille. Elle ne donnait aucun signe de vie; elle avait à la tête une large blessure. Pourtant, son cœur battait encore; elle n'était pas morte.

La bonne envoya l'un des hommes avertir Mme de Fleurville d'envoyer du monde pour transporter au château la dame et l'enfant, relever le postillon et dételer les chevaux.

Mme de Fleurville arriva elle-même avec plusieurs domestiques et une voiture.

La petite fille, pendant ce temps, s'était entièrement remise.

De crainte qu'elle ne s'effrayât à la vue du sang qui coulait toujours de la blessure de sa mère,

Camille et Madeleine demandèrent à leur maman si elles pouvaient la ramener à pied avec elles.

Tout en marchant, Camille et Madeleine causaient avec elle.

MADELEINE. — Comment t'appelles-tu, ma chère petite?

MARGUERITE. — Je m'appelle Marguerite.

CAMILLE. — Et comment s'appelle ta maman?

MARGUERITE. — Ma maman s'appelle maman.

CAMILLE. — Mais son nom? Elle a un nom, ta maman?

MARGUERITE. — Oh! oui! elle s'appelle maman.

MADELEINE, *riant*. — Mais les domestiques ne l'appellent pas maman?

MARGUERITE. — Ils l'appellent madame.

MADELEINE. — Mais, madame qui?

MARGUERITE. — Non, non. Pas madame qui : seulement madame.

CAMILLE. — Laisse-la, Madeleine; tu vois bien qu'elle est trop petite. Dis-moi, Marguerite, où allais-tu avec ces méchants chevaux?

MARGUERITE. — J'allais voir ma tante; je n'aime pas ma tante; elle est méchante. J'aime mieux rester avec maman... et avec vous.

Camille et Madeleine embrassèrent la petite Marguerite.

MARGUERITE. — Comment vous appelle-t-on?

CAMILLE. — Moi, je m'appelle Camille, et ma

sœur s'appelle Madeleine.

MARGUERITE. — Eh bien ! vous serez mes petites mamans. Maman Camille et maman Madeleine.

Tout en causant, elles étaient arrivées au château. Mme de Fleurville s'était empressée d'envoyer chercher un médecin et avait fait coucher Mme de Rosbourg dans un bon lit. Son nom était gravé sur une cassette qui se trouvait dans sa voiture et sur les malles attachées derrière. On avait bandé sa blessure pour arrêter le sang, et elle reprenait connaissance par degrés. Au bout d'une demi-heure, elle demanda sa fille, qu'on lui amena.

Marguerite entra bien doucement, car on lui avait dit que sa maman était malade. Camille et Madeleine l'accompagnaient.

— Pauvre maman, dit-elle en entrant, vous avez mal à la tête ?

— Oui, mon enfant, bien mal.

— Je veux rester avec vous, maman.

— Non, ma chère petite ; embrasse-moi seulement, et puis tu t'en iras avec ces bonnes petites filles.

— Oh oui ! maman, bien bonnes ; Camille m'a donné sa poupée ; une bien jolie poupée... et Madeleine m'a fait manger une tartine de confiture.

Mme de Rosbourg sourit de la joie de la petite Marguerite.

Après avoir embrassé Mme de Rosbourg, Marguerite sortit.

Chapitre III

MARGUERITE

MADELEINE. — Prends tout ce que tu voudras, ma chère Marguerite. Amuse-toi avec nos joujoux.

MARGUERITE. — Oh ! les belles poupées ! En voilà une aussi grande que moi.... Oh ! le beau petit chien ! on dirait qu'il est vivant. Et le joli petit âne... Oh ! les belles petites assiettes ! des tasses, des cuillers, des fourchettes ! et des couteaux aussi ! Et cette petite commode pleine de robes... Comme c'est bien rangé !... Les jolis petits livres ! Quelle quantité d'images ! il y en a plein l'armoire !

Camille et Madeleine riaient de voir Marguerite

courir d'un jouet à l'autre, ne sachant lequel prendre, en poser un, puis le reprendre. Enfin, elle prit la petite diligence attelée de quatre chevaux, et elle demanda à Camille et à Madeleine de sortir avec elle pour mener la voiture dans le jardin.

Elles se mirent toutes trois à courir dans les allées et sur l'herbe; après quelques tours, la diligence versa.

— Ah! mon Dieu, s'écria Marguerite, j'ai cassé votre voiture, Camille.

CAMILLE. — Ne pleure pas, ma petite Marguerite, ce ne sera rien. Nous allons ouvrir la portière et rasseoir les voyageurs à leurs places.

MARGUERITE. — Mais si les voyageurs ont mal à la tête, comme maman?

MADELEINE. — Non, non, ils se portent à merveille.

MARGUERITE. — Tant mieux! J'avais peur de vous faire de la peine.

Marguerite continua à traîner la diligence mais avec précaution.

Chapitre IV

REUNIES

Pendant que les enfants jouaient, le médecin était venu voir Mme de Rosbourg : il ne trouva pas la blessure dangereuse.

Marguerite venait voir sa mère plusieurs fois par jour; mais elle ne restait pas longtemps dans la chambre pour ne pas la fatiguer.

Mme de Rosbourg, convalescente, regrettait de quitter Mme de Fleurville.

— Et pourquoi donc me quitteriez-vous, chère amie? dit un jour Mme de Fleurville. Pourquoi ne vivrions-nous pas ensemble? Votre petite Marguerite est parfaitement heureuse avec Camille et Madeleine;

je serai enchantée si vous me promettez de ne pas me quitter. Je vis dans un grand isolement depuis la mort de mon mari. Vous n'avez plus de mari non plus, puisque vous n'avez reçu aucune nouvelle du vôtre depuis le naufrage du vaisseau sur lequel il s'était embarqué.

MADAME DE ROSBOURG. — Hélas ! oui. Eh bien, puisque vous me pressez si amicalement de rester ici, j'y consens volontiers.

MADAME DE FLEURVILLE. — Ainsi donc, chère amie, c'est une chose décidée ?

MADAME DE ROSBOURG. — Oui, puisque vous le voulez bien ; nous demeurerons ensemble.

MADAME DE FLEURVILLE. — Que vous êtes bonne d'avoir cédé si promptement à mes désirs, chère amie ! Je vais porter cette heureuse nouvelle à mes filles ; elles en seront enchantées.

Mme de Fleurville entra dans la chambre où Camille et Madeleine prenaient leurs leçons bien attentivement, pendant que Marguerite s'amusait avec les poupées.

MADAME DE FLEURVILLE. — Mes petites filles, je viens vous annoncer une nouvelle qui vous fera grand plaisir. Mme de Rosbourg et Marguerite ne nous quitteront pas, comme nous le craignions.

CAMILLE. — Comment ! maman, elles resteront toujours avec nous ?

MADAME DE FLEURVILLE. — Oui, toujours, ma fille.

— Oh, quel bonheur ! dirent les trois enfants à la fois.

Marguerite courut embrasser Mme de Fleurville, qui, après lui avoir rendu ses caresses, dit à Camille et Madeleine :

— Mes chères enfants, si vous voulez me rendre toujours heureuse comme vous l'avez fait jusqu'ici, il faut redoubler encore d'application au travail. Pour rendre Marguerite bonne et sage, il faut lui donner toujours de bons conseils et surtout de bons exemples.

CAMILLE. — Oh! ma chère maman, soyez tranquille; nous élèverons Marguerite aussi bien que vous nous élevez. Je lui apprendrai à lire, à écrire; et Madeleine lui apprendra à travailler, à tout ranger, à tout mettre en ordre; n'est-ce pas, Madeleine?

MADELEINE. — Oui, certainement.

— Je serai toujours bien sage, reprit Marguerite en les embrassant.

CAMILLE. — Eh bien, ma petite Marguerite, puisque tu veux être bien sage, fais-moi l'amitié d'aller te promener pendant une heure. Si tu restes toujours assise, tu perdras tes couleurs.

MARGUERITE. — Oh! Camille, je t'en prie, laisse-moi avec toi!

Camille allait céder, mais Madeleine pressentit la faiblesse de sa sœur :

— Ma chère Marguerite, Camille t'a dit d'aller te promener, tu demandes toujours à rester encore un instant. Camille a la bonté de t'écouter; mais cette fois, nous voulons que tu sortes.

Marguerite regarda Camille d'un air suppliant;

mais Camille n'osa pas lever les yeux, de crainte de se laisser attendrir. Marguerite sortit lentement et descendit dans le jardin.

Mme de Fleurville avait écouté, sans mot dire, cette petite scène ; elle s'approcha de Madeleine et l'embrassa tendrement. « Bien ! Madeleine, lui dit-elle. Et toi, Camille, courage ; fais comme ta sœur. » Puis elle sortit.

Chapitre V

LES FLEURS CUEILLIES ET REMPLACEES

— Mon Dieu ! mon Dieu ! que je m'ennuie toute seule ! pensa Marguerite après avoir marché un quart d'heure. Qu'est-ce que je vais faire pour m'amuser ?... Oh ! j'ai une bonne idée : je vais nettoyer et balayer leur petit jardin.

Elle courut vers le jardin de Camille et de Madeleine, le nettoya et balaya les feuilles tombées. Tout à coup l'idée lui vint de cueillir un beau bouquet pour Camille et pour Madeleine.

— Comme elles seront contentes ! se dit-elle. Je vais prendre toutes les fleurs, j'en ferai un magnifique bouquet pour leur chambre, qui sentira bien bon !

Marguerite, enchantée de son idée, cueillit tout ce qui se trouvait dans le jardin.

Elle courut à la maison, entra précipitamment dans la chambre où travaillaient encore Camille et Madeleine, et, d'un air radieux :

— Regardez ce que je vous apporte !

Et, ouvrant son tablier, elle leur fit voir toutes les fleurs fanées.

— J'ai cueilli tout cela pour vous, leur dit-elle : nous les mettrons dans notre chambre, pour qu'elle sente bon !

Camille et Madeleine se regardèrent en souriant. La gaieté les gagna à la vue de ces paquets de fleurs flétries et de l'air triomphant de Marguerite ; enfin elles se mirent à rire aux éclats en voyant la figure rouge, déconcertée et mortifiée de Marguerite. La pauvre petite restait immobile.

Enfin Camille put parler.

— Où as-tu cueilli ces belles fleurs, Marguerite ?

— Dans votre jardin.

— Dans notre jardin ! s'écrièrent à la fois les deux sœurs, qui n'avaient plus envie de rire. Comment ! tout cela dans notre jardin !

— Tout, tout, même les boutons.

Camille et Madeleine se regardèrent d'un air consterné et douloureux. Marguerite, sans le vouloir, leur causait un grand chagrin. Elles réservaient toutes ces fleurs pour offrir un bouquet à leur maman le jour de sa fête.

Marguerite, étonnée de ne pas recevoir les

remerciements et les baisers auxquels elle s'attendait, regarda attentivement les deux sœurs, et, lisant leur chagrin sur leurs figures consternées, elle comprit vaguement qu'elle avait fait quelque chose de mal, et se mit à pleurer.

Madeleine rompit enfin le silence.

— Ma petite Marguerite, nous t'avons dit bien des fois de ne toucher à rien sans en demander la permission. Tu as cueilli nos fleurs et tu nous as fait de la peine. Nous voulions donner après-demain à maman, pour sa fête, un beau bouquet de fleurs plantées et arrosées par nous. Maintenant, par ta faute, nous n'avons plus rien à lui donner.

Les pleurs de Marguerite redoublèrent.

— Nous ne te grondons pas, reprit Camille, parce que nous savons que tu ne l'as pas fait par méchanceté.

Marguerite sanglotait.

— Console-toi, ma petite Marguerite, dit Madeleine en l'embrassant ; tu vois bien que nous ne sommes pas fâchées contre toi.

— Parce que... vous... êtes... trop bonnes..., dit Marguerite, qui suffoquait ; mais... vous... êtes... tristes... Cela... me... fait de la... peine... Pardon... pardon... Camille... Madeleine... Je ne... le... ferai plus..., bien sûr.

Camille et Madeleine l'embrassèrent. A ce moment, Mme de Rosbourg entra ; elle s'arrêta, étonnée en voyant les yeux rouges et la figure gonflée de sa fille.

— Marguerite ! qu'as-tu, mon enfant ? Serais-tu

méchante, par hasard ?

— Oh non ! madame, répondit Madeleine ; nous la consolons.

MADAME DE ROSBOURG. — De quoi la consolez-vous, chères petites ?

MADELEINE. — De... de...

Madeleine rougit et s'arrêta.

MADAME DE ROSBOURG. — Marguerite, dis-moi toi-même pourquoi tu pleures et pourquoi tes amies te consolent.

— Oh ! maman, chère maman, s'écria Marguerite en se jetant dans les bras de sa mère, j'ai été bien méchante ; j'ai fait de la peine à mes amies, mais c'était sans le vouloir. J'ai cueilli toutes les fleurs de leur jardin ; elles n'ont plus rien à donner à leur maman pour sa fête, et, au lieu de me gronder, elles m'embrassent. Mon Dieu ! mon Dieu ! que j'ai du chagrin !

— Tu fais bien de m'avouer tes sottises, ma chère enfant, je tâcherai de les réparer. Tes petites amies sont bien bonnes de ne pas t'en vouloir.

Mme de Rosbourg se fit conduire à la ville de Moulins, qui n'était qu'à cinq kilomètres de la maison de campagne de Mme de Fleurville.

Elle descendit chez un marchand de fleurs, et choisit les plus belles et les plus jolies.

— Ayez la complaisance, monsieur, dit-elle au marchand, de m'apporter vous-même tous ces pots de fleurs chez Mme de Fleurville. Je vous ferai indiquer la place où ils doivent être plantés, et vous surveillerez ce travail. Je désire que ce soit fait la nuit, pour ménager une surprise aux petites de Fleurville.

— Madame peut être tranquille; tout sera fait selon ses ordres.

— Combien vous devrai-je, monsieur, pour les fleurs et la plantation?

— Ce sera quarante francs, madame.

Mme de Rosbourg remonta en voiture et retourna au château de Fleurville. Son absence avait été si courte que ni Mme de Fleurville ni les enfants ne s'en étaient aperçues.

Les trois petites s'étaient dirigées vers le jardin.

— Peut-être, pensait Camille, restait-il encore quelques fleurs oubliées?

Hélas! il n'y avait rien : tout était cueilli.

— C'est fait, dit enfin Madeleine; il n'y a pas de remède. Nous tâcherons d'avoir quelques plantes nouvelles, qui fleuriront plus tard!

MARGUERITE. — Prenez tout mon argent pour en acheter, Madeleine; j'ai quatre francs!

MADELEINE. — Merci, ma chère petite, il vaut mieux garder ton argent pour les pauvres.

MARGUERITE. — Mais si vous n'avez pas assez d'argent, Madeleine, vous prendrez le mien, n'est-ce pas?

MADELEINE. — Oui, oui, ma bonne petite, sois sans inquiétude, ne pensons plus à tout cela, et préparons notre jardin pour y replanter de nouvelles fleurs.

Les trois petites se mirent à l'ouvrage. Elles suaient à grosses gouttes toutes les trois quand

Mme de Rosbourg, revenue de sa course, les rejoignit au jardin.

— Oh ! les bonnes ouvrières ! s'écria-t-elle. Voilà un jardin bien bêché ! Les fleurs y pousseront toutes seules, j'en suis sûre.

— Nous en aurons bientôt, madame, vous verrez.

— Je n'en doute pas, car le bon Dieu récompensera toujours les bonnes petites filles comme vous.

La besogne était finie ; Camille, Madeleine et Marguerite eurent soin de ranger leurs outils, et jouèrent pendant une heure dans l'herbe et dans le bois. Alors la cloche sonna le dîner, et chacun rentra.

Le lendemain, après déjeuner, les enfants allèrent à leur petit jardin pour achever de le nettoyer.

Camille courait en avant. Le jardin lui apparut plein de fleurs mille fois plus belles et plus nombreuses que celles qui y étaient la veille.

Madeleine et Marguerite arrivèrent à leur tour, et toutes trois restèrent muettes de surprise et de joie devant ces fleurs si jolies.

Elles se précipitèrent dans le jardin, sentant une fleur, en caressant une autre, folles de joie, mais ne comprenant toujours pas comment ces fleurs avaient poussé et fleuri en une nuit.

— C'est le bon Dieu, dit Camille.

— Non, c'est plutôt la sainte Vierge, dit Madeleine.

— Je crois que ce sont nos petits anges, dit Marguerite.

Mme de Fleurville arrivait avec Mme de Rosbourg.

— Voici l'ange qui a fait pousser vos fleurs, dit Mme de Fleurville en montrant Mme de Rosbourg. Votre douceur et votre bonté l'ont touchée.

Le lendemain toutes trois offrirent un bouquet composé de leurs plus belles fleurs, non seulement à Mme de Fleurville pour sa fête, mais aussi à Mme de Rosbourg, comme témoignage de leur reconnaissance.

Chapitre VI

UN AN APRES - LE CHIEN ENRAGE

Un jour, Marguerite, Camille et Madeleine jouaient devant la maison avec le chien du garde, Calino, qui était couché près d'elles.

Marguerite cherchait à lui mettre au cou une couronne de pâquerettes que Camille venait de terminer. Chaque fois que la couronne était à moitié passée, le chien secouait la tête, la couronne tombait, et Marguerite le grondait.

— Méchant Calino, veux-tu te tenir tranquille! si tu recommences, je te donnerai une tape.

Un chien jaune, qui s'était approché sans bruit, donna un coup de dent à Calino. Marguerite voulut le chasser : le chien jaune se jeta sur elle et lui mordit la main; puis il continua son chemin. Voyant du sang à sa main, Marguerite pleura.

Camille et Madeleine s'étaient levées précipitamment au cri de Marguerite. Camille suivit des yeux le chien jaune; elle dit quelques mots tout bas à Madeleine, puis courut chez Mme de Fleurville.

— Maman, lui dit-elle tout bas, Marguerite a été mordue par un chien enragé.

— Comment sais-tu que le chien est enragé?

— Je l'ai bien vu, maman, à sa queue traînante, à sa tête basse, à sa langue pendante, à sa démarche trottinante; et puis il a mordu Calino et Marguerite sans aboiement, sans bruit; et Calino, au lieu de se défendre ou de crier, s'est étendu à terre sans bouger.

— Tu as raison, Camille! Quel malheur, mon Dieu! Lavons bien vite les morsures de Marguerite dans l'eau fraîche, ensuite dans l'eau salée.

— Madeleine l'a menée dans la cuisine, maman. Mme de Fleurville regarda la morsure et vit un petit trou peu profond qui ne saignait plus.

— Vite, Rosalie (c'était la cuisinière), un seau d'eau fraîche! Mets-y une forte poignée de sel, Camille..., bien... Trempe ta main dans l'eau salée, chère Marguerite.

— J'ai peur que le sel ne me pique, dit Marguerite en pleurant.

— Non, n'aie pas peur : ce ne sera pas grand-chose. Mais, quand même cela te piquerait, il faut te tremper la main, sans quoi tu serais très malade.

Mme de Fleurville l'embrassa et lui dit :

— Tous les jours, matin et soir, tu tremperas ta main dans l'eau salée pendant un quart d'heure; tous les jours tu mangeras deux fortes pincées de sel et une petite gousse d'ail. Dans huit jours ce sera fini.

— Maman, dit Camille, n'en parlons pas à Mme de Rosbourg, elle serait trop inquiète.

— Tu as raison, chère enfant, dit Mme de Fleurville en l'embrassant. Nous le lui raconterons dans un mois.

Au bout de trois jours, la petite main de Marguerite était guérie.

Après un mois, quand tout danger fut passé, Marguerite dit un jour à sa maman :

— Maman, chère maman, vous ne savez pas que votre pauvre Marguerite a manqué mourir.

— Mourir, mon amour ! dit la maman en riant. Tu n'as pas l'air bien malade.

— Tenez, maman, regardez ma main. Voyez-vous cette toute petite tache rouge ? C'est un chien enragé qui m'a mordue.

Mme de Rosbourg poussa un cri étouffé et pâlit :

— Qui t'a dit que le chien était enragé ?

— Mme de Fleurville m'a recommandé de faire bien exactement ce qu'elle avait dit, sans quoi je deviendrais enragée et je mourrais. Elle m'a défendu de vous en parler avant un mois, chère maman, pour ne pas vous faire peur.

Mme de Rosbourg embrassa Marguerite avec une vive émotion, et courut chercher Mme de Fleurville pour avoir des renseignements plus précis.

— Marguerite ne court plus aucun danger, chère amie, soyez-en sûre ; l'eau est le remède infaillible pour les morsures des bêtes enragées ; l'eau salée est bien meilleure encore. Soyez bien certaine qu'elle est sauvée.

Mme de Rosbourg embrassa tendrement Mme de Fleurville. Elle se promit tout bas de lui témoigner sa reconnaissance à la première occasion.

Chapitre VII

CAMILLE PUNIE

Il y avait à une lieue du château de Fleurville une petite fille âgée de six ans, qui s'appelait Sophie. A quatre ans, elle avait perdu sa mère dans un naufrage ; son père se remaria et mourut aussi peu de temps après. Sophie resta avec sa belle-mère, Mme Fichini. Mme Fichini et Sophie venaient quelquefois chez Mme de Fleurville.

Un jour que les petites sœurs et Marguerite sortaient pour aller se promener, une brillante calèche s'arrêta devant le perron du château ; Mme Fichini et Sophie en descendirent.

— Bonjour Sophie, dirent Camille et Madeleine ;

nous sommes bien contentes de te voir ; bonjour madame, ajoutèrent-elles en faisant une petite révérence.

— Bonjour, mes petites ; je vais au salon voir votre maman. Sophie vous accompagnera. Et vous, mademoiselle, ajouta-t-elle en s'adressant à Sophie d'une voix dure et d'un air sévère, soyez sage, sans quoi vous aurez le fouet au retour.

Sophie baissa les yeux.

— Vous n'avez pas de langue pour répondre, petite impertinente ?

— Oui, maman, s'empressa de répondre Sophie.

Mme Fichini lui tourna le dos et entra au salon.

Camille et Madeleine étaient restées stupéfaites.

CAMILLE. — Pourquoi ta belle-mère t'a-t-elle grondée, Sophie ? Qu'est-ce que tu as fait ?

SOPHIE. — Rien du tout. Elle est toujours comme cela.

MADELEINE. — Allons dans notre jardin où nous serons bien tranquilles.

SOPHIE, *apercevant Marguerite*. — Ah ! qu'est-ce que c'est que cette petite ? Je ne l'ai pas encore vue.

CAMILLE. — C'est notre petite amie, et une bonne petite fille. J'espère, Sophie, que tu l'aimeras. Elle s'appelle Marguerite.

Madeleine raconta à Sophie comment elles avaient fait connaissance avec Mme de Rosbourg. Sophie embrassa Marguerite, et toutes quatre coururent au jardin.

SOPHIE. — Les belles fleurs ! Mais elles sont bien plus belles que les miennes ! Où avez-vous eu ces magnifiques œillets, ces beaux géraniums et ces charmants rosiers ? Quelle délicieuse odeur !

MADELEINE. — C'est Mme de Rosbourg qui nous a donné tout cela.

MARGUERITE. — Prenez garde, Sophie ; vous écrasez un beau fraisier ; reculez-vous.

SOPHIE. — Laissez-moi donc. Je veux sentir les roses.

MARGUERITE. — Mais vous écrasez les fraises de Camille. Il ne faut pas écraser les fraises de Camille.

SOPHIE. — Et moi, je te dis de me laisser tranquille, petite sotte.

Et comme Marguerite cherchait à préserver les fraises en tenant la jambe de Sophie, celle-ci la poussa avec tant de colère et si rudement, que la pauvre Marguerite alla rouler à trois pas de là. Aussitôt Camille s'élança sur Sophie et lui appliqua un vigoureux soufflet. Sophie se mit à crier. Camille était toute rouge et toute honteuse. Au même instant parurent Mme de Fleurville, Mme de Rosbourg et Mme Fichini.

Mme Fichini commença par donner un bon soufflet à Sophie, qui criait.

SOPHIE, *criant*. — Cela m'en fait deux ; cela m'en fait deux !

MADAME FICHINI. — Deux quoi, petite sotte ?

SOPHIE. — Deux soufflets qu'on m'a donnés.

MADAME FICHINI, *lui donnant encore un soufflet.* — Tiens, voilà le second pour ne pas te faire mentir.

CAMILLE. — Elle ne mentait pas, madame; c'est moi qui lui ai donné le premier.

Mme Fichini regarda Camille avec surprise.

MADAME DE FLEURVILLE. — Que dis-tu, Camille? Toi, si bonne, tu as donné un soufflet à Sophie, qui vient en visite chez toi?

CAMILLE, *les yeux baissés.* — Oui, maman.

MADAME DE FLEURVILLE, *avec sévérité.* — Et pourquoi?

CAMILLE, *avec hésitation.* — Parce que Sophie écrasait mes fraises.

MARGUERITE, *avec feu.* — Non, ce n'est pas cela, c'est pour me...

CAMILLE, *lui mettant la main sur la bouche, avec vivacité.* — Si fait, si fait; c'est pour mes fraises. *(Tout bas à Marguerite)* Tais-toi, je t'en prie.

MARGUERITE, *tout bas.* — Je ne veux pas qu'on te croie méchante, quand c'est pour me défendre que tu t'es mise en colère.

CAMILLE. — Je t'en supplie, ma petite Marguerite, tais-toi jusqu'après le départ de Mme Fichini.

Mme de Fleurville voyait bien qu'il s'était passé quelque chose qu'on ne voulait pas raconter, par égard pour Sophie. Elle dit à Camille d'un air mécontent :

— Montez dans votre chambre, mademoiselle.

Camille fondit en larmes et s'approcha de Sophie :

— Pardonne-moi, Sophie ; je ne recommencerai pas, je te le promets.

Sophie lui dit tout bas :

— Merci, ma bonne Camille, de n'avoir pas dit que j'avais poussé Marguerite ; ma belle-mère m'aurait fouettée jusqu'au sang.

Camille lui serra la main et se dirigea en pleurant vers la maison.

Mme Fichini remonta en voiture avec Sophie, qu'on entendit crier quelques instants après ; on supposa que sa belle-mère la battait.

A peine furent-elles parties, que Madeleine et Marguerite racontèrent à Mme de Fleurville pourquoi Camille s'était emportée contre Sophie.

— Cette explication diminue beaucoup sa faute, mes enfants, mais elle a été coupable de s'être laissée aller à une pareille colère. Je lui permets de sortir de sa chambre, pourtant elle n'aura ni dessert ni plat sucré.

Madeleine et Marguerite coururent chercher Camille. Celle-ci soupira et resta bien triste.

Camille était un peu gourmande. Elle savait que justement ce jour-là on devait servir d'excellentes pêches et du raisin que son oncle avait envoyés de Paris. Quelle privation de ne pas goûter cet excellent dessert !

MADELEINE. — Ma chère Camille, je ne mangerai pas de fruits non plus, ni de plat sucré : cela te consolera un peu.

CAMILLE. — Non, ma chère Madeleine, je ne veux pas que tu te prives pour moi; tu en mangeras, je t'en prie.

MADELEINE. — Non, non, Camille, j'y suis décidée. Je n'aurais aucun plaisir à manger de bonnes choses dont tu serais privée.

Camille se jeta dans les bras de Madeleine. Madeleine demanda à Camille de n'en parler à personne.

— Si maman le savait, dit-elle, ou bien elle me forcerait à en manger, ou bien j'aurais l'air de vouloir la forcer à te pardonner.

Camille lui promit de n'en pas parler pendant le dîner; mais elle résolut de raconter ensuite la généreuse privation que s'était imposée sa bonne petite sœur.

L'heure du dîner vint; les enfants étaient tristes toutes les trois. Le plat sucré se trouva être des croquettes de riz, que Madeleine aimait extrêmement.

MADAME DE FLEURVILLE. — Madeleine, donne-moi ton assiette, que je te serve des croquettes.

MADELEINE. — Merci, maman, je n'en mangerai pas.

MADAME DE FLEURVILLE. — Comment! tu n'en mangeras pas, toi qui les aimes tant?

MADELEINE, *embarrassée et rougissante*. — Je n'ai plus faim, maman.

Mme de Fleurville regarda d'un air surpris Madeleine. Se doutant qu'on lui cachait quelque chose, elle n'insista plus.

Le dessert arriva; on apporta une superbe

corbeille de pêches et une corbeille de raisin; les yeux de Camille se remplirent de larmes.

— Veux-tu commencer par le raisin ou par une pêche, Madeleine? demanda Mme de Fleurville.

— Merci, maman, je ne mangerai pas de dessert.

— Mange au moins une grappe de raisin, dit Mme de Fleurville de plus en plus surprise; il est excellent.

— Non, maman, répondit Madeleine qui se sentait faiblir à la vue de ces beaux fruits dont elle respirait le parfum; je suis fatiguée, je voudrais me coucher.

— Tu n'es pas souffrante, chère petite?

— Non, maman, je me porte très bien; seulement je voudrais me coucher.

Et Madeleine, se levant, alla dire adieu à sa maman et à Mme de Rosbourg; elle allait embrasser Camille, quand celle-ci demanda la permission de suivre Madeleine. Mme de Fleurville le lui permit. Les deux sœurs partirent ensemble. Cinq minutes après, tout le monde sortit de table; on trouva dans le salon Camille et Madeleine s'embrassant. Madeleine monta se coucher.

Camille était restée au milieu du salon.

— Cette bonne Madeleine! comme je l'aime! comme elle est bonne!

— Dis-moi donc, Camille, demanda Mme de Fleurville, ce qui passe par la tête de Madeleine. Elle refuse le plat sucré, elle refuse le dessert, et elle va se coucher une heure plus tôt qu'à l'ordinaire.

— Madeleine a fait tout cela pour me consoler, pour être privée comme moi ; et elle est allée se coucher parce qu'elle avait peur de ne pouvoir résister au raisin qu'elle aime tant !

— Viens la voir avec moi, Camille ; allons l'embrasser ! s'écria Mme de Fleurville.

Avant de quitter le salon, elle alla dire quelques mots à l'oreille de Mme de Rosbourg, qui passa immédiatement dans la salle à manger.

Mme de Fleurville et Camille montèrent chez Madeleine. Mme de Fleurville la serra tendrement et lui dit :

— Ma chère petite, ta générosité a racheté la faute de ta sœur ; vous allez toutes deux manger des croquettes, du raisin et des pêches que j'ai fait apporter.

Au même moment, Elisa la bonne entra, apportant des croquettes de riz sur une assiette, du raisin et des pêches sur une autre. Camille raconta à Elisa combien Madeleine avait été bonne ; toutes deux donnèrent à Elisa une part de leur dessert, et après avoir causé, toutes deux s'endormirent.

Chapitre VIII

LES HERISSONS

Un jour, Camille et Madeleine lisaient hors de la maison, assises sur leurs petits pliants, lorsqu'elles virent accourir Marguerite.

— Camille, Madeleine, leur cria-t-elle, venez vite voir des hérissons qu'on a attrapés ; il y en a quatre, la mère et les trois petits.

Camille et Madeleine se levèrent promptement et coururent voir les hérissons, qu'on avait mis dans un panier.

CAMILLE. — Mais on ne voit rien que des boules piquantes ; ils n'ont ni tête ni pattes.

MADELEINE. — Je crois qu'ils se sont roulés

en boule, et que leurs têtes et leurs pattes sont cachées.

CAMILLE. — Nous allons bien voir ; je vais les faire sortir du panier.

MADELEINE. — Mais ils te piqueront ! comment les prendras-tu ?

CAMILLE. — Tu vas voir.

Camille prit le panier et renversa les hérissons par terre. Au bout de quelques secondes, la mère appela ses petits et se mit à trottiner pour se sauver.

— Les hérissons se sauvent ! s'écria Marguerite.

Au même moment le garde accourut.

— Eh ! eh ! dit-il, je vais avoir du mal à les rattraper.

Et le garde courut après les hérissons, qui allaient presque aussi vite que lui ; déjà ils avaient gagné la lisière du bois. Une détonation se fit entendre. La mère roula morte à l'entrée du chêne creux ; les petits, voyant leur mère arrêtée, s'arrêtèrent également.

Le garde jeta les petits dans son carnier.

Camille, Madeleine et Marguerite accoururent.

— Pourquoi avez-vous tué cette pauvre mère, méchant Nicaise ? dit Camille avec indignation.

MADELEINE. — Les pauvres petits vont mourir de faim à présent.

NICAISE. — Pour cela non, mademoiselle ; je vais les tuer.

MARGUERITE, *joignant les mains.* — Oh ! pauvres petits ! ne les tuez pas, je vous en prie, Nicaise.

NICAISE. — Ah ! il faut bien les faire mourir, mademoiselle ; c'est mauvais le hérisson ; ça détruit les petits lapins, les petits perdreaux. D'ailleurs, ils sont trop jeunes ; ils ne vivraient pas sans leur mère.

CAMILLE. — Viens, Madeleine ; viens, Marguerite ; allons demander à maman de sauver ces malheureuses petites bêtes.

Toutes trois coururent au salon, où travaillaient Mme de Fleurville et Mme de Rosbourg.

LES TROIS PETITES ENSEMBLE. — Maman, maman, madame, les pauvres hérissons !

MADAME DE ROSBOURG. — Vous parlez toutes trois à la fois, mes chères enfants ; nous ne comprenons pas ce que vous demandez.

MADELEINE. — C'est Nicaise qui a tué une mère hérisson ; il y a trois petits, il veut les tuer aussi ; il dit que les hérissons sont mauvais.

CAMILLE. — Et je crois qu'il ment.

MADAME DE FLEURVILLE. — Et pourquoi mentirait-il, Camille ?

CAMILLE. — Parce qu'il veut tuer ces pauvres petits, maman.

MADAME DE FLEURVILLE. — Tu le crois donc bien méchant ?

CAMILLE. — C'est vrai, maman, j'ai tort ; mais si vous pouviez sauver ces petits hérissons ! Ils sont si gentils !

MADAME DE FLEURVILLE, *souriant*. — Des hérissons gentils ? C'est une rareté. Mais, chère amie, nous pourrions aller voir ce qu'il en est.

Ces dames et les trois petites filles sortirent et se dirigèrent vers le bois où on avait laissé le garde et les hérissons. Tout avait disparu.

CAMILLE. — O mon Dieu! ces pauvres hérissons! je suis sûre que Nicaise les a tués.

MADAME DE FLEURVILLE. — Nous allons voir cela; allons jusque chez lui.

Les trois petites filles coururent en avant. Elles se précipitèrent avec impétuosité dans la maison du garde.

LES TROIS PETITES ENSEMBLE. — Où sont les hérissons? Où les avez-vous mis, Nicaise?

— Je les ai jetés à l'eau, mesdemoiselles; ils sont dans la mare du potager.

LES TROIS PETITES ENSEMBLE. — Comme c'est méchant! comme c'est vilain! Maman, maman, Nicaise a jeté les petits hérissons dans la mare.

MADAME DE FLEURVILLE. — Vous avez eu tort de ne pas attendre, Nicaise; mes petites désiraient garder ces hérissons.

NICAISE. — Pas possible, madame; ils auraient péri dans deux jours : ils étaient trop petits. D'ailleurs c'est une méchante race.

Mme de Fleurville se retourna vers les petites, muettes et consternées.

— Que faire, mes chères petites, sinon oublier ces hérissons? Nicaise a cru bien faire en les tuant; et, en vérité, qu'en auriez-vous fait? Comment les nourrir, les soigner?

Mme de Fleurville avait raison, mais les petites

revinrent à la maison un peu abattues.

Elles allaient reprendre leurs leçons, lorsque Sophie arriva sur un âne avec sa bonne.

Mme Fichini faisait dire qu'elle viendrait dîner.

SOPHIE. — Bonjour, mes bonnes amies; bonjour, Marguerite! Eh bien, Marguerite, tu t'éloignes?

MARGUERITE. — Vous avez fait punir l'autre jour ma chère Camille.

CAMILLE. — Ecoute, Marguerite, je le méritais.

MARGUERITE, *l'embrassant tendrement.* — C'est pour moi, ma chère Camille, que tu t'es mise en colère. Tu es toujours si bonne.

Sophie s'approcha de Camille et lui dit, les larmes aux yeux :

— Camille, ma bonne Camille, Marguerite a raison. Tu as bien fait de me donner un soufflet; je l'ai mérité, bien mérité. Et toi aussi, ma bonne petite Marguerite, pardonne-moi; sois généreuse comme Camille. Je sais que je suis méchante; mais, ajouta-t-elle en fondant en larmes, je suis si malheureuse!

A ces mots, Camille, Madeleine et Marguerite l'embrassèrent.

Sophie sécha ses larmes et essuya ses yeux.

— Merci mille fois, mes chères amies, je tâcherai de vous imiter, de devenir bonne comme vous. Ah! si j'avais comme vous une maman douce et bonne, je serais meilleure! Mais j'ai si peur de ma belle-mère; elle ne me dit pas ce que je dois faire, mais elle me bat toujours.

— Pauvre Sophie ! dit Marguerite. Je suis bien fâchée de t'avoir détestée.

Camille et Madeleine demandèrent à Sophie de leur permettre d'achever un devoir de calcul et de géographie.

— Dans une demi-heure, nous aurons fini et nous irons vous rejoindre au jardin.

MARGUERITE. — Veux-tu venir avec moi, Sophie ?

SOPHIE. — Très volontiers ; nous allons courir dehors.

MARGUERITE. — Je vais te raconter ce qui est arrivé ce matin à trois pauvres petits hérissons et à leur maman.

Et, tout en marchant, Marguerite raconta toute la scène du matin.

SOPHIE. — Et où les a-t-on jetés, ces hérissons ?

MARGUERITE. — Dans la mare du potager.

SOPHIE. — Allons les voir ; ce sera très amusant.

MARGUERITE. — Mais il ne faut pas trop s'approcher de l'eau ; maman l'a défendu.

SOPHIE. — Non, non ; nous regarderons de loin.

Elles coururent vers la mare et, comme elles ne voyaient rien, elles approchèrent un peu.

SOPHIE. — En voilà un, en voilà un ! je le vois : il n'est pas mort, il se débat. Approche, approche : vois-tu ?

MARGUERITE. — Oui, je le vois ! Pauvre

petit, comme il se débat ! les autres sont morts.

SOPHIE. — Si nous l'enfoncions dans l'eau avec un bâton pour qu'il meure plus vite ? Il souffre, ce pauvre malheureux.

MARGUERITE. — Tu as raison. Pauvre bête ! le voici tout près de nous.

SOPHIE. — Voilà un grand bâton : donne-lui un coup sur la tête, il enfoncera.

MARGUERITE. — Non, je ne veux pas achever ce pauvre petit hérisson ; et puis, maman ne veut pas que j'approche de la mare.

SOPHIE. — Pourquoi ?

MARGUERITE. — Parce que je pourrais glisser et tomber dedans.

SOPHIE. — Quelle idée ! Il n'y a pas le moindre danger.

MARGUERITE. — C'est égal ! il ne faut pas désobéir à maman.

SOPHIE. — Eh bien, à moi on n'a rien défendu.

Et Sophie, s'avançant avec précaution vers le bord de la mare, donna un grand coup au hérisson, avec une longue baguette. Au moment où la baguette retombait, le poids de son corps l'entraînant, Sophie tomba dans l'eau ; elle poussa un cri désespéré et disparut.

Marguerite s'élança, saisit la main de Sophie, la tira, parvint à faire sortir de l'eau le haut du corps de la malheureuse Sophie, et lui présenta l'autre main pour achever de la retirer.

Pendant quelques secondes elle lutta contre le poids trop lourd qui l'entraînait elle-même dans la mare; puis elle se sentit tomber avec Sophie.

La courageuse enfant ne perdit pas la tête. Elle se souvint d'avoir entendu Mme de Fleurville dire que, lorsqu'on arrivait au fond de l'eau, il fallait, pour remonter à la surface, frapper le sol du pied; aussitôt qu'elle sentit le fond, elle donna un fort coup de pied, remonta immédiatement au-dessus de l'eau, saisit un poteau qui se trouvait à portée de ses mains, et réussit, avec cet appui, à sortir de la mare.

N'apercevant plus Sophie, elle courut toute ruisselante d'eau vers la maison en criant : « Au secours, au secours ! » Des faucheurs et des faucheuses qui travaillaient près de là accoururent à ses cris.

— Sauvez Sophie, sauvez Sophie ! elle est dans la mare ! criait Marguerite.

Une des faneuses, plus intelligente que les autres, courut à la mare, aperçut la robe blanche de Sophie qui apparaissait un peu à la surface de l'eau, y plongea un long crochet qui servait à charger le foin, accrocha la robe, la tira vers le bord, allongea le bras, saisit la petite fille par la taille, et l'enleva non sans peine.

Pendant que la bonne femme sauvait l'enfant, Marguerite pleurait à chaudes larmes.

Camille et Madeleine accoururent au bruit.

Mme de Rosbourg et Mme de Fleurville arrivèrent précipitamment et poussèrent toutes deux un cri de terreur à la vue de Marguerite, dont les cheveux et les vêtements ruisselaient.

— Mon enfant, mon enfant ! s'écria Mme de Rosbourg. Que t'est-il donc arrivé ?

— Maman, ma chère maman, Sophie se noie.

A ces mots, Mme de Fleurville se précipita vers la mare. Elle ne tarda pas à rencontrer la faneuse avec Sophie dans ses bras, qui, elle aussi, pleurait à chaudes larmes.

Mme de Rosbourg, voyant le désespoir de Marguerite, lui dit :

— Sophie est sauvée, chère enfant ; elle va très bien, calme-toi, je t'en conjure.

— Mais qui l'a sauvée ? Je n'ai vu personne.

— Tout le monde y a couru pendant que tu revenais.

Cette assurance calma Marguerite ; elle se laissa emporter sans résistance.

Quand elle fut bien essuyée, séchée et rhabillée, sa maman lui demanda ce qui était arrivé. Marguerite lui raconta tout, mais en atténuant ce qu'elle sentait être mauvais pour Sophie.

— Tu vois, chère enfant, dit Mme de Rosbourg en l'embrassant mille fois, si j'avais raison de te défendre d'approcher de la mare. Tu as agi comme une petite fille sage, courageuse et généreuse... Allons voir ce que devient Sophie.

Sophie avait été emportée par Mme de Fleurville et Elisa chez Camille et Madeleine, qui l'accompagnaient. On l'avait également déshabillée, essuyée, frictionnée, et on lui passait une chemise de Camille, quand la porte s'ouvrit violemment et Mme Fichini entra.

Sophie devint rouge comme une cerise.

— Qu'est-ce que j'apprends? Vous avez abîmé votre jolie robe en vous laissant sottement tomber dans la mare!

Et, avant que personne ait le temps d'intervenir, elle tira de dessous son châle une baguette, s'élança sur Sophie et la fouetta violemment, malgré les cris et les pleurs de la pauvre petite, les supplications de Camille et Madeleine et les remontrances de Mme de Fleurville et Elisa.

Mme de Fleurville aurait voulu chasser cette méchante femme, mais ne voulait pas priver Sophie de consolation et d'appui en se brouillant définitivement avec sa belle-mère.

Quand Mme Fichini partit, elle promit d'envoyer souvent Sophie à Fleurville, comme le lui demandaient ces dames.

— Puisque vous voulez bien recevoir cette mauvaise créature, dit-elle, je serai enchantée de m'en débarrasser le plus souvent possible.

Chapitre IX

POIRES VOLEES

Camille et Madeleine étaient toujours vêtues avec simplicité. Leurs cheveux étaient nattés et retenus par de petits peignes. Leurs robes étaient en percale blanche tout unie. Marguerite était habillée de même.

Ce jour-là, Mme de Fleurville avait invité à dîner quelques voisins, dont Mme Fichini et Sophie.

Mme Fichini arriva avec une toilette d'une élégance ridicule pour la campagne. Son corsage était bariolé de mille enjolivures, et sa jupe était si ample que Sophie avait été reléguée à l'avant de la voiture.

La société était sur le perron. Mme Fichini descendit, triomphante, grasse, rouge. Ses yeux étincelaient d'orgueil satisfait. Elle croyait être l'objet de l'admiration générale. Elle vit avec une satisfaction secrète que toutes les dames présentes portaient des toilettes simples. Aucune n'avait de volants, bijoux ou coiffure extraordinaires. Mais Mme Fichini se trompait sur la nature de l'effet qu'elle devait produire. Au lieu d'être l'admiration, ce fut une pitié moqueuse.

— Me voici, dit-elle en descendant de voiture.

Sophie suivait, tenant ses deux mains étalées sur son ventre.

— Bonjour, ma petite Sophie, dit Mme de Fleurville. Va embrasser tes amies. Quelle belle toilette vous avez, madame! ajouta-t-elle à Mme Fichini. Nous ne méritons pas une telle élégance.

— Comment, chère dame! vous valez la peine qu'on s'habille. Il faut bien user ses vieilles robes à la campagne.

Mme Fichini voulut prendre place sur un fauteuil, mais la largeur de sa robe et la raideur de ses jupons repoussèrent le fauteuil, et elle tomba par terre...

Un rire général salua cette chute qui laissait à découvert deux grosses jambes dont l'une gigotait avec emportement.

Mme de Fleurville offrit son aide pour la relever, mais ses efforts furent impuissants, et il fallut que deux voisins lui viennent en aide.

Mme Fichini, furieuse, se plaignit d'une entorse.

Sophie demanda tout bas à Camille de s'éloigner.

— Pourquoi veux-tu t'en aller? dit Camille; nous

allons dîner.

Sophie écarta ses mains de son ventre, et découvrit une énorme tache de café au lait.

SOPHIE, *bas* — J'ai fait cette tache au petit-déjeuner.

CAMILLE, *bas* — Tu n'as pas changé de robe?

SOPHIE, *bas* — Maman ne veut pas. Depuis que je suis tombée dans la mare, je dois porter mes robes trois jours.

Camille appela tout bas Madeleine et Marguerite.

Elles allèrent dans leur chambre, et frottèrent tant la robe que la tache disparut. Elle rentrèrent au salon au moment où l'on allait se mettre à table.

Après le dîner, toute la société alla se promener.

Mme de Fleurville fit admirer une poire d'une espèce nouvelle, d'une grosseur et d'une saveur remarquables. Il n'y en avait que quatre sur le jeune poirier qui la produisait. Tout le monde s'extasia.

— Venez donc les goûter dans huit jours, elles seront bien mûres, dit Mme de Fleurville.

Sophie suivait le groupe, très tentée par les poires. Mais comment en prendre une? Tout le monde la verrait... Elle sentit alors sa jarretière tomber. S'arrêtant près du poirier tentateur, elle se mit à l'arranger, et regarda ses amies continuer leur chemin.

— Veux-tu que je t'aide? demanda Camille.

SOPHIE, *avec impatience* — Non, non, merci. Tu me gênes, va-t-en.

Aussitôt qu'elle se fut éloignée, Sophie cueillit une poire qu'elle mit dans sa poche. Au moment où elle cueillait la deuxième poire, Camille se retourna et la vit retirer précipitamment sa main. Pourtant, elle ne se douta pas de ce que venait de faire Sophie.

CAMILLE, *riant* — Que fais-tu là ? Et pourquoi es-tu si rouge ?

SOPHIE, *avec colère* — Je ne fais rien du tout, mademoiselle ; et je ne suis pas rouge du tout.

CAMILLE, *avec gaieté* — Pas rouge ! Madeleine, Marguerite, regardez donc Sophie : elle dit qu'elle n'est pas rouge !

SOPHIE, *pleurant* — Tu dis ça pour me faire gronder.

CAMILLE, *avec la plus grande surprise* — Sophie, ma pauvre Sophie, qu'as-tu donc ? Je ne veux certainement pas te faire gronder.

Et elle courut vers Sophie pour l'embrasser.

Elle vit alors l'énorme poche, regarda le poirier et comprit tout.

— Ah ! Sophie ! Comme c'est mal, ce que tu as fait !

— Laisse-moi tranquille, petite espionne, répondit Sophie avec emportement. Je n'ai rien fait. Et ne t'avise pas de rapporter contre moi.

— Je ne rapporte jamais, Sophie. Je te laisse, je ne veux pas rester près de toi et de tes poires volées.

Sophie courut se cacher dans un massif pour manger les fruits dérobés. Camille resta immobile. Toute la société revenait.

— Hélas, vos belles poires ont disparu ! s'écria Mme Fichini.

— Sais-tu ce qu'elles sont devenues, Camille ?

demanda Mme de Fleurville.

— Oui, maman, je le sais, répondit Camille qui était incapable de mentir.

— Qui s'est permis de les cueillir ?

CAMILLE, *hésitant* — Je... ne dois pas... le dire...

MADAME FICHINI, *riant aux éclats* — Ha ! ha ! ha ! c'est comme Sophie, qui vole et mange mes fruits et qui ment ensuite.

CAMILLE, *avec vivacité* — Non, madame, je ne vole pas et je ne mens jamais !

MADAME DE FLEURVILLE. — Mais pourquoi, Camille, ne veux-tu rien dire ?

Camille baissa les yeux, rougit et répondit tout bas : « Je ne peux pas. »

Mmes de Rosbourg et de Fleurville soupçonnèrent qu'elle se taisait par générosité. Elles s'éloignèrent avec Mme Fichini. La pauvre Camille fondit en larmes.

Madeleine, Sophie et Marguerite la rejoignirent.

— Camille ! nous te cherchons depuis un quart d'heure ! Pourquoi pleures-tu ? lui demanda Marguerite.

— Je... je ne pleure pas... seulement... j'ai... j'ai du chagrin.

Et elle recommença à sangloter.

Madeleine et Marguerite l'entourèrent de leurs bras en lui demandant de leur confier son chagrin.

Camille leur raconta alors qu'on la soupçonnait d'avoir mangé les belles poires. Sophie rougit et demanda d'une voix tremblante : « Tu n'as pas dit... que tu savais... que tu connaissais... »

CAMILLE. — Oh non, Je n'ai rien dit !

MADELEINE. — Comment ! Tu sais qui a pris les poires ?

CAMILLE, *très bas* — Oui.

MADELEINE. — Et pourquoi ne l'as-tu pas dit ?

Camile leva les yeux, regarda Sophie et ne répondit pas. Sophie se troublait de plus en plus.

Enfin elle se jeta à genoux devant elle en sanglotant : Pardon ! Oh, pardon, Camille ! J'ai été méchante, ne m'en veux pas. Je vais de ce pas dire à ma belle-mère et à ces dames que c'est moi qui ai volé les poires et dois être punie. Et que toi, ma bonne Camille, tu ne mérites que des éloges.

— Arrête, Sophie, s'écria Camille en la saisissant par le bras. Tu as commis une très grande faute, mais tu l'as déjà en partie réparée par ton repentir.

A ce moment, Mme de Rosbourg sortit de la serre à laquelle étaient adossées les enfants.

— J'ai tout entendu, mes enfants. Mais je cacherai la vérité à Mme Fichini. Essayons de finir gaiement la journée. On va tirer une loterie. Il y a des lots pour chacune de vous !

Et tous les visages reprirent un air radieux.

Chapitre X

LA POUPEE MOUILLEE

Marguerite avait gagné à la loterie une charmante poupée en cire et un trousseau complet dans une jolie commode. Les jours suivants, les trois fillettes passèrent leur temps à habiller, déshabiller, coucher et lever la poupée.

Un après-midi, Mme de Fleurville les appela :

— Mettez vos chapeaux, nous allons faire une promenade.

CAMILLE. — Vite, vite ! Rejoignons maman !

MARGUERITE. — J'emporte ma poupée avec moi ; je veux l'avoir toujours dans mes bras.

MADELEINE. — Tu risques de la salir.

MARGUERITE. — Non, non, je la porterai.

CAMILLE. — C'est bon, laissons-la faire, Madeleine. Elle verra bien que la poupée la gêne pour courir.

Elles rejoignirent Mme de Fleurville.

— Où allons-nous, maman ? demanda Camille.

— Au moulin de la forêt, mes enfants.

Marguerite fit une petite grimace, car c'était loin et que la poupée était un peu lourde.

A la moitié du chemin, Mme de Fleurville s'assit et leur dit de se reposer pendant qu'elle lirait. Mais Camille et Madeleine n'étaient pas fatiguées.

— Camille, s'écria Madeleine, viens vite, voici une grande place pleine de fraises !

Camille accourut et appela Marguerite.

— Viens en cueillir, Marguerite, elles sont excellentes.

Marguerite se hâta de les rejoindre, mais, gênée par sa poupée, elle ne pouvait à la fois les ramasser et les tenir dans sa main, où elles s'écrasaient au fur et à mesure.

— Que faire, mon Dieu, de cette ennuyeuse poupée ? se dit-elle tout bas. Si je la posais au pied de ce gros chêne ?... il y a de la mousse, elle sera très bien.

Soulagée, elle assit la poupée au pied de l'arbre et cueillit des fraises avec ardeur.

Au bout d'un quart d'heure, Mme de Fleurville leva les yeux et vit le ciel se couvrir de nuages. Elle appela les enfants.

— Vite, rentrons avant que la pluie ne tombe !

Le ciel devient noir, on entend déjà le tonnerre.

MARGUERITE. — Mon Dieu, j'ai peur !

MADAME DE FLEURVILLE. — De quoi as-tu peur, Marguerite ?

MARGUERITE. — Du tonnerre ; j'ai peur qu'il ne tombe sur moi.

MADAME DE FLEURVILLE. — Quand le tonnerre tombe, c'est généralement sur les arbres ou les cheminées. Ensuite, le tonnerre ne te ferait aucun mal, parce que tu as un fichu de soie et des rubans de soie à ton chapeau.

MARGUERITE. — Comment ? La soie chasse le tonnerre ?

MADAME DE FLEURVILLE. — Exactement.

MARGUERITE. — Comme je suis contente de le savoir ! Je n'aurai plus peur du tonnerre !

MADAME DE FLEURVILLE. — Courons ! dans dix minutes, la pluie tombera.

Les trois enfants se mirent à courir.

Mais elles avaient beau se dépêcher, l'orage les rattrapait. Les gouttes commencèrent à tomber plus serrées, le vent soufflait avec violence. Elles entrèrent dans le vestibule au moment où la grêle et la pluie commençaient à leur fouetter le visage et à les tremper.

— Allez vite vous changer, mes enfants, leur conseilla Mme de Fleurville.

Il fut impossible de sortir pendant tout le reste de la soirée. A huit heures, Marguerite alla se coucher ; Camille et Madeleine, fatiguées de leurs jeux, prirent chacune un livre. Elles lisaient attentivement lorsque Marguerite accourut en chemise de nuit, sanglotant et criant.

Camille et Madeleine se précipitèrent vers elle.

Mmes de Fleurville et de Rosbourg s'étaient aussi levées précipitamment et interrogeaient Marguerite sur la cause de ses cris.

Marguerite, en pleurs, ne pouvait répondre.

Puis elle articula : Ma poupée... ma... poupée...

— Qu'est-il donc arrivé? interrogea Mme de Rosbourg.

— Ma... belle... poupée... est restée... dans la forêt...

— Et comment peut-elle y être? demanda sa maman.

— Je l'ai emportée à la promenade et je l'ai assise sous un gros chêne, parce qu'elle me gênait pour cueillir des fraises. Quand nous nous sommes sauvées à cause de l'orage, je l'ai oubliée sous l'arbre.

— Peut-être l'arbre l'aura-t-il protégée.

— Je vous en prie, ma chère maman, dit Marguerite en joignant les mains, envoyez le domestique chercher ma poupée dans la forêt.

— Comment! Tu veux qu'un pauvre domestique s'en aille par une pluie battante dans la forêt? Je ne reconnais pas là ton bon cœur.

— Mais elle sera trempée, salie, perdue!

— Chère enfant, nous ne pouvons qu'attendre avec patience jusqu'à demain matin. Si le temps le permet, nous irons chercher ta poupée.

Marguerite baissa la tête et s'en alla dans sa chambre en pleurant. Epuisée, elle s'endormit d'un sommeil profond.

Le lendemain, il faisait un temps superbe.

Marguerite sauta de son lit pour s'habiller. Quand elle eut pris son petit déjeuner, elle courut rejoindre ses amies et sa maman, qui étaient prêtes depuis longtemps et qui l'attendaient pour partir.

— Allons jusqu'à l'arbre où la pauvre poupée a passé une si mauvaise nuit.

Tout le monde se mit en route. Les mamans marchaient vite, vite; les petites couraient plutôt qu'elles ne marchaient. Aucune d'elles ne parlait. Leur cœur battait à mesure qu'elles approchaient.

— Je vois le grand chêne au pied duquel elle doit être, dit Marguerite.

Elles arrivèrent près de l'arbre; pas de poupée; et rien qui indiquât qu'elle aurait dû être là. Marguerite regardait ses amies d'un air consterné. Camille et Madeleine étaient désolées.

— Mais, demanda Mme de Rosbourg, es-tu bien sûre de l'avoir laissée ici?

— Tout à fait sûre, maman.

— En voici la preuve, dit Madeleine en ramassant dans une touffe d'herbe une petite chaussure de satin bleu.

Marguerite prit la chaussure, la regarda et se mit à pleurer. Chacune se demandait :

— Qu'est donc devenue cette poupée? Comment n'en est-il rien resté?

Elles rentrèrent, songeuses, au château.

A peine arrivée, Madeleine courut à son sac à ouvrage et en tira une petite bourse.

— Tiens, ma chère Marguerite, voici de quoi acheter une poupée. J'avais économisé pour acheter quelques livres dont je n'ai pas besoin.

— Merci, ma bonne, ma chère Madeleine ! dit Marguerite qui était devenue rouge de joie. Oh ! merci, merci !

Et elle courut chez Mme de Rosbourg qui lui promit d'acheter sa poupée la prochaine fois qu'on irait à Paris.

Chapitre XI

JEANNETTE LA VOLEUSE

Trois jours avaient passé depuis la disparition de la poupée. Il faisait chaud et les enfants s'étaient installés dans le jardin sous des arbres touffus. Madeleine lisait ; Camille tressait des couronnes de fleurs ; la petite Marguerite les posait ensuite sur la tête de la poupée que Madeleine lui avait prêtée.

La petite boulangère, Suzanne, passa près d'elles en allant porter deux pains à la cuisine. Elle s'arrêta devant Marguerite et regarda attentivement la poupée.

— Elle est jolie, votre poupée, mam'selle !

MARGUERITE. — La plus jolie que tu aies vue ?

SUZANNE. — Pardon, mam'selle, mais j'en ai vu une plus jolie que la vôtre, hier.

MARGUERITE. — Et où donc, Suzanne?

SUZANNE. — C'est Jeannette qui l'a; elle a une belle robe de soie lilas.

MARGUERITE. — La petite meunière! Qui la lui a donnée?

SUZANNE. — Je ne sais pas, mam'selle. Elle l'a depuis trois jours.

Camille, Madeleine et Marguerite se regardèrent d'un air étonné. Elles commençaient à soupçonner que la jolie poupée de Jeannette était celle de Marguerite.

CAMILLE. — La poupée a-t-elle des sabots?

SUZANNE, *riant*. — Pour ça, non! Elle a une jolie chaussure de satin bleu et l'autre pied est nu.

MARGUERITE, *s'élançant de sa chaise*. — C'est ma poupée!

SUZANNE. — Ah! Jeannette m'avait dit de ne pas en parler parce que ça ferait des jaloux.

CAMILLE, *bas à Marguerite*. — Laisse aller Suzanne et courons dire à maman ce qu'elle vient de nous raconter.

Les trois petites coururent au salon.

Mme de Rosbourg jouait du piano.

CAMILLE et MADELEINE, *précipitamment*. — Madame, madame! Jeannette a la poupée de Marguerite! Il faut qu'elle la rende.

MADAME DE ROSBOURG. — Mais vous perdez la tête!

MADELEINE, — Mais, madame, Suzanne l'a

vue !

MARGUERITE. — Elle porte une robe de soie lilas et une seule chaussure de satin bleu. C'est bien sûr ma poupée !

MADAME DE ROSBOURG. — Ecoute, ma petite Marguerite, va me chercher Suzanne. Je voudrais l'interroger. Et si j'ai des raisons de penser que Jeannette a ta poupée, nous partirons tout de suite pour le moulin.

Marguerite partit comme une flèche et revint avec Suzanne, très intimidée.

MADAME DE ROSBOURG. — N'aie pas peur, ma petite Suzanne. Je voudrais seulement que tu me dises ce que tu sais de la poupée de Jeannette.

Et Suzanne répéta ce qu'elle avait dit aux trois amies.

MADAME DE ROSBOURG. — Merci, Suzanne. Tu peux t'en aller ; voici des pralines pour t'amuser en route.

Rouge de plaisir, Suzanne fit une révérence et s'en alla.

— Chère amie, dit Mme de Rosbourg à Mme de Fleurville, il me paraît certain que Jeannette a la poupée de Marguerite. Mettez vos chapeaux, petites, et dépêchons-nous de nous rendre au moulin.

Tout le monde se mit en marche. Les petites parlaient toutes à la fois.

Elles arrivèrent au moulin en moins d'une demi-heure. Les petites allaient se précipiter à l'intérieur, mais Mme de Rosbourg les arrêta.

— Ne dites pas un mot, mes enfants, restez près

de moi et ne parlez que lorsque vous verrez la poupée.

Les mamans les firent passer derrière et toutes cinq entrèrent.

La meunière vint ouvrir, fit beaucoup de révérences et présenta des chaises.

— Asseyez-vous, mesdames, mesdemoiselles.

MADAME DE FLEURVILLE. — Eh bien, mère Léonard, comment allez-vous?

LA MEUNIERE. — Ça va bien, Dieu merci.

MADAME DE FLEURVILLE. — Et votre fille Jeannette, où est-elle?

MERE LEONARD. — Je ne sais point. Peut-être au moulin?

MADAME DE FLEURVILLE. — Mes filles voudraient la voir. Appelez-la donc...

MERE LEONARD, *allant à la porte.* — Jeannette, Jeannette! *(Après un moment d'attente)* Elle ne vient point; faut croire qu'elle n'ose pas!

MADAME DE FLEURVILLE. — Pourquoi n'ose-t-elle pas?

MERE LEONARD. — Ah! Quand elle voit ces dames, ça lui fait toujours quelque chose.

MADAME DE FLEURVILLE. — Je voudrais bien lui parler, pourtant. Si elle est sage et bonne fille, je lui ai apporté un joli fichu en soie et un beau tablier pour les dimanches.

La mère Léonard se leva, s'agita, courut jusqu'au moulin et en ramena sa fille qu'elle tenait par le bras. Jeannette se débattait.

MERE LEONARD. — Vas-tu finir, vilaine

malaprise?

JEANNETTE, *criant.* — Laissez-moi m'en aller!

MERE LEONARD. — De quoi as-tu peur, sans cœur?

Jeannette cessa de se débattre. La mère Léonard lui lâcha le bras, mais Jeannette en profita pour s'échapper et s'enfuir dans sa chambre.

La mère Léonard, furieuse, craignit que le fichu et le tablier ne lui échappent. Elle appela sa fille :

— Méchante enfant! Petite drôlesse, tu vas voir, si je t'attrape!

Mme de Fleurville l'arrêta et lui dit :

— N'y allez pas, mère Léonard; laissez-moi lui parler; je la trouverai, allez, je connais la maison.

Mme de Fleurville entra chez Jeannette et la trouva cachée derrière une chaise. Sans mot dire, Mme de Fleurville la tira de sa cachette, s'assit sur la chaise, et, lui tenant les deux mains, lui dit :

— Pourquoi te caches-tu, Jeannette?

Pas de réponse; Jeannette resta tête baissée.

— Jeannette, où as-tu trouvé la belle poupée qu'on a vue chez toi, l'autre jour?

JEANNETTE, *avec vivacité.* — Suzanne est une menteuse; elle n'a pas vu de poupée.

MADAME DE FLEURVILLE. — Comment sais-tu que c'est Suzanne qui me l'a dit?

JEANNETTE, *vivement.* — Parce qu'elle est méchante.

MADAME DE FLEURVILLE. — Tu as peur que je te reprenne la poupée que tu as trouvée le soir de l'orage.

JEANNETTE. — Je n'ai peur de rien; je n'ai rien trouvé sous le chêne et je n'ai point la poupée de Mlle Marguerite.

MADAME DE FLEURVILLE. — Comment sais-tu que c'est de la poupée de Marguerite que je te parle et qu'elle était sous le chêne?

Jeannette, voyant qu'elle se trahissait de plus en plus, se mit à crier et à se débattre.

Mme de Fleurville la laissa se dégager. Voyant qu'elle s'était réfugiée près du lit, elle s'approcha, se baissa et aperçut la poupée sous le lit, tout au fond. Elle se tourna vers la mère Léonard et lui ordonna d'un air sévère de retirer la poupée.

— Saviez-vous, demanda Mme de Fleurville, que votre fille avait cette poupée?

— Pour ça non, chère dame, répondit la mère Léonard. Je la lui aurais fait reporter au château, car elle sait bien qu'elle est à Mlle Marguerite.

(Se retournant vers Jeannette) Vilaine petite voleuse, tu vas voir comme je te corrigerai.

Mme de Fleurville, craignant une punition trop forte, chercha à la calmer et réussit à lui faire promettre qu'elle ne fouetterait pas sa fille mais se contenterait de l'enfermer pour le reste de la journée.

Mme de Fleurville remit sa poupée à Marguerite sans mot dire et sortit avec Mme de Rosbourg, suivie des trois enfants.

Elles s'étaient à peine éloignées qu'elles entendirent des cris perçants : c'était Jeannette qui recevait le fouet de la mère Léonard.

Chapitre XII

VISITE CHEZ SOPHIE

« Mais chairs amie, veuné chés moi demin; mamman demand ça à votre mamman; nous dinron à sainq eure pour joué avan é allé promené aprais. Je pari que j'ai fé de fôtes; ne vous moké pas de moi, je vous pri!

Sophie, votre ami. »

Camille reçut ce billet quelques jours après l'histoire de la poupée; elle ne put s'empêcher de rire en voyant ces énormes fautes d'orthographe; elle alla chez sa maman.

CAMILLE. — Sophie m'écrit que sa maman

nous invite toutes à aller dîner chez elle demain.

MADAME DE FLEURVILLE. — Aïe, aïe ! Quel ennui ! Est-ce que ce dîner t'amuserait, Camille ?

CAMILLE. — Beaucoup, maman, j'aime beaucoup cette pauvre Sophie, qui est si malheureuse.

MADAME DE FLEURVILLE, *embrassant Camille*. — C'est bien, réponds-lui que nous irons demain.

Camille remercia sa maman et courut prévenir Madeleine et Marguerite.

Toute la journée, les petites filles préparèrent la visite du lendemain. Marguerite voulait mettre une robe de mousseline blanche ; Madeleine et Camille de simples robes de toile. Mme de Rosbourg trancha en conseillant les robes de toile.

Marguerite tenait à emporter sa belle poupée ; Camille et Madeleine lui dirent :

— Prends garde, Marguerite, souviens-toi du gros chêne et de Jeannette.

MARGUERITE. — Mais demain il n'y aura pas d'orage, ni de forêt, ni de Jeannette.

MADELEINE. — Non, mais tu pourrais l'oublier quelque part, ou la laisser tomber et la casser.

MARGUERITE. — C'est ennuyeux de toujours laisser ma pauvre poupée à la maison. Pauvre petite ! elle s'ennuie ! Jamais elle ne sort !

Camille et Madeleine se mirent à rire ; Marguerite, après un instant d'hésitation, rit avec elles et avoua qu'il était plus raisonnable de laisser la poupée à la maison.

Le lendemain matin, les petites filles travaillèrent

comme de coutume ; à deux heures et demie elles montèrent en calèche découverte. Il faisait un temps magnifique. Le voyage dura à peine vingt minutes. La grosse Mme Fichini les attendait sur le perron ; Sophie se tenait en arrière, de crainte des soufflets.

— Bonjour, chères dames, s'écria Mme Fichini ; bonjour, chères demoiselles ; comme c'est aimable d'arriver de bonne heure ! les enfants auront le temps de jouer, et nous autres mamans, nous causerons. J'ai une grâce à vous demander, chères dames, au sujet de ma vaurienne de fille. Je veux vous en faire cadeau quelques semaines, si vous voulez bien la garder pendant un voyage que je dois faire.

Mme de Fleurville, surprise, ne répondit rien. Ces dames entrèrent dans le salon et les enfants restèrent dans le vestibule.

— Qu'a dit ta belle-mère, Sophie ? demanda Marguerite, qu'elle voulait te donner à maman ? Où veut-elle donc aller sans toi ?

— Je n'en sais rien, répondit Sophie en soupirant. Je sais seulement que depuis deux jours elle me bat souvent et qu'elle veut me laisser seule ici pendant qu'elle fera un voyage en Italie.

— Et tu es triste ? lui demanda Camille.

— Oh, non ! surtout si je reste chez vous. Je serais si heureuse avec vous ! Jamais battue, jamais injustement grondée, je ne serai plus seule des journées entières, n'apprenant rien, ne sachant que faire, m'ennuyant.

Les trois petites l'entourèrent et réussirent à la consoler ; dix minutes après, elles couraient dans le jardin et jouaient à cache-cache.

Après deux heures de courses et de jeux, comme elles avaient très chaud, elles rentrèrent à la maison.

— Dieu ! que j'ai soif ! dit Sophie.

MADELEINE. — Pourquoi ne bois-tu pas ?

SOPHIE. — Parce que ma belle-mère le défend.

MARGUERITE. — Comment ! Même pas un verre d'eau !

SOPHIE. — Absolument rien, jusqu'au dîner, et au dîner un verre seulement.

MARGUERITE. — Pauvre Sophie, mais c'est affreux !

— Sophie ! Sophie ! cria à ce moment la voix furieuse de Mme Fichini. Venez ici, mademoiselle, tout de suite.

Sophie, pâle et tremblante, se hâta d'entrer au salon. Camille, Madeleine et Marguerite restèrent au petit salon, tremblant de peur pour Sophie et écoutant de toutes leurs oreilles.

MADAME FICHINI, *avec colère.* — Approchez, petite voleuse ; pourquoi avez-vous bu le vin ?

SOPHIE, *tremblante.* — Quel vin, maman ? Je n'ai pas bu de vin.

MADAME FICHINI, *la poussant rudement.* — Quel vin, menteuse ? Celui du carafon qui est dans mon cabinet de toilette.

SOPHIE, *pleurant.* — Je vous assure, maman, que je n'ai pas bu votre vin, que je ne suis pas entrée dans votre cabinet.

MADAME FICHINI. — Ah ! vous n'êtes pas entrée dans mon cabinet ! et vous n'êtes pas entrée par la fenêtre ? et qu'est-ce donc que ces marques que vos pieds ont laissées sur le sable, devant la fenêtre du cabinet ?

SOPHIE. — Je vous assure, maman...

Mme Fichini ne lui permit pas d'achever ; elle l'entraîna dans la pièce voisine et, malgré les protestations et les pleurs de Sophie, se mit à la fouetter. Ensuite, elle sortit de la pièce, rouge de colère. La malheureuse Sophie la suivait en sanglotant. Mme Fichini se retourna et lui donna un dernier soufflet. Après quoi, essouflée, furieuse, elle revint s'asseoir sur le canapé. L'indignation empêchait ces dames de parler. Elles craignaient, si elles parlaient, d'augmenter la colère de cette méchante femme et qu'elle renonce à laisser Sophie à Fleurville pendant le voyage qu'elle devait faire.

MADAME FICHINI. — Je crains que vous ne veuillez pas recevoir chez vous une fille si méchante et si insupportable.

MADAME DE FLEURVILLE, *froidement*. — Je suis bien sûre, madame, que je saurai me faire obéir de Sophie sans difficulté.

MADAME FICHINI. — Donc, vous êtes d'accord ? Je vous préviens que mon absence sera longue ; je ne reviendrai pas avant deux ou trois mois.

MADAME DE FLEURVILLE, *froidement*. — Ne vous inquiétez pas, je serai enchantée de vous rendre ce service.

MADAME FICHINI. — Dieu ! que vous êtes bonne, chère dame ! que je vous remercie ! Ainsi, je puis faire mes préparatifs de voyage?

MADAME DE FLEURVILLE, *sèchement*. — Quand vous voudrez, madame.

MADAME FICHINI. — Comment! Je pourrais partir dans trois jours?

MADAME DE FLEURVILLE. — Demain, si vous voulez.

MADAME FICHINI. — Quel bonheur! Que vous êtes donc aimable! Ainsi, je vous enverrai Sophie après-demain.

MADAME DE FLEURVILLE. — Très bien, madame, je l'attendrai.

MADAME FICHINI. — Surtout, madame, ne la gâtez pas.

Sophie alla rejoindre ses amies qui avaient tout entendu.

— Ma pauvre Sophie, dit Camille, comme je suis peinée que tu n'aies pu avouer que tu avais bu le vin parce que tu mourais de soif!

— Mais je ne l'ai pas bu! répondit Sophie.

— Et ces pas sur le sable? demanda Marguerite.

— Je t'assure que je n'ai pas touché à ce vin!

Se demandant qui pouvait bien être le vrai coupable, les enfants entreprirent de remettre de l'ordre dans la toilette de Sophie et allèrent au jardin cueillir des bouquets.

Chapitre XIII

VISITE AU POTAGER

Sophie, qui avait toujours le cœur gros et la démarche gênée par les coups qu'elle venait de recevoir, laissa ses amies cueillir des fleurs et alla s'asseoir chez la jardinière.

MERE LOUCHET. — Bonjour, mam'selle; vous avez l'air tout chose, je vous voyais venir boitinant. Seriez-vous malade comme Palmyre, qui s'est fait une entorse et qui ne peut quasi pas marcher?

SOPHIE. — Non, mère Louchet, je ne suis pas malade.

MERE LOUCHET. — Ah! c'est que votre maman a encore fait des siennes; elle frappe dur quand elle tape sur vous.

Sophie ne répondit pas; elle pleurait.

MERE LOUCHET. — Voyons, mam'selle, faut pas pleurer comme ça; faut pas être honteuse; ça fait de la peine, voyez-vous; nous savons que ce n'est pas tout rose pour vous. Je disais à ma Palmyre :

— Si je te corrigeais comme madame corrige mam'selle Sophie, tu ne serais pas aussi désobéissante.

Si vous aviez vu dans quel état elle est revenue tantôt, sa robe pleine de taches, sa main et sa figure couvertes de sable! c'est qu'elle est tombée rudement, allez!

SOPHIE. — Comment est-elle tombée?

MERE LOUCHET. — Ah! je n'en sais rien, elle ne veut pas le dire. Sans doute qu'elle jouait au château, puisque nous n'avons point de sable ici; et puis sa robe a des taches rouges comme du vin.

SOPHIE. — Est-ce qu'elle a pris le vin du cabinet de ma belle-mère?

MERE LOUCHET. — Ah, peut-être bien; elle y va souvent porter des herbes pour les bains de votre maman; ça se pourrait bien qu'elle ait bu un coup et qu'elle n'ose pas le dire!

SOPHIE. — Ma belle-mère m'a fouettée parce qu'elle croyait que j'avais bu son vin, et ce n'est pas moi pourtant.

La mère Louchet changea de visage et prit un air indigné.

— Serait-il possible, pauvre petite mam'selle, que ma Palmyre ait fait ce mauvais coup et que vous ayez été punie à sa place? Ah! mais... Palmyre, viens donc un peu que je te parle.

PALMYRE, *dans la chambre à côté.* — Je ne peux pas, maman, mon pied me fait trop mal.

MERE LOUCHET. — Eh bien, nous allons venir près de toi.

Elles entrèrent chez Palmyre qui était étendue sur le lit, le pied nu et enflé.

MERE LOUCHET. — Où t'es-tu foulé la jambe comme ça?

Palmyre rougit et ne répondit pas.

MERE LOUCHET. — Je te vas dire, moi : t'es entrée dans le cabinet de madame pour les herbes du bain; t'as vu la bouteille, t'as voulu goûter, t'as répandu sur ta robe tout en goûtant, t'as voulu descendre par la fenêtre, t'as tombé et t'as pas osé me le dire, parce que tu savais bien que je te régalerais d'une bonne volée. Eh?

PALMYRE, *pleurant.* — Oui, c'est vrai maman, c'est bien cela; mais le bon Dieu m'a punie, car je souffre fort de ma jambe et de mon bras.

MERE LOUCHET. — Et sais-tu que la pauvre mam'selle a été fouettée par madame? Tu mérites une raclée!

SOPHIE, *avec effroi.* — Oh! ma bonne mère Louchet, je vous en prie, ne la punissez pas; voyez comme elle souffre de son pied. Maudit vin! Il a déjà causé bien du mal chez nous; pardonnez à Palmyre comme je lui pardonne.

PALMYRE, *joignant les mains.* — Oh! mam'selle! que vous êtes bonne! Comme je regrette que vous ayez été battue pour moi ! Ah ! si j'avais su, jamais je n'aurais touché à ce vin de malheur. Pardonnez-moi, mam'selle.

Sophie s'approcha du lit de Palmyre, lui prit les mains et l'embrassa. La mère Louchet essuya une larme et dit :

— Tu vois Palmyre, ce que c'est que d'avoir de la malice. Par égard pour cette bonne demoiselle, je te pardonne.

Palmyre pleurait d'attendrissement et de repentir.

Camille, Madeleine et Marguerite entrèrent ; la mère Louchet leur raconta ce qui venait de se passer et combien Sophie avait été généreuse. Sophie fut entourée et embrassée par ses trois amies.

Toutes quatre dirent adieu à Palmyre et à la mère Louchet et rentrèrent à la maison, car la cloche du dîner venait de sonner.

Chapitre XIV

LE DEPART

Sophie avait peur de revenir au salon. Elle pria ses amies de rentrer les premières pour que sa belle-mère ne la voie pas, mais elle ne put échapper à l'œil de Mme Fichini qui s'écria :

— Comment oses-tu revenir au salon ? Crois-tu que je laisserai dîner à table une voleuse ?

— Madame, répliqua courageusement Madeleine, Sophie est innocente ; nous savons maintenant qui a bu votre vin.

— Ta, ta, ta, ma belle petite ; elle vous a dit quelque mensonge ; mais je la connais...

— Madame, dit à son tour Marguerite avec colère,

c'est vous qui êtes méchante. Sophie est très bonne. C'est Palmyre qui a bu le vin, et Sophie a demandé à sa maman de ne pas la fouetter ; et vous avez battu la pauvre Sophie sans l'écouter, et j'aime Sophie, et je ne vous aime pas.

MADAME FICHINI, *riant avec effort.* — Bravo, ma belle ! Vous êtes bien polie, bien aimable ! Votre histoire de Palmyre est bien trouvée.

CAMILLE. — Marguerite dit vrai, madame ; Palmyre a apporté des herbes dans votre cabinet, a bu le vin et a sauté par la fenêtre, se faisant une entorse ; elle a tout avoué à sa maman, qui voulait la fouetter et lui a pardonné grâce aux supplications de Sophie. Vous voyez, madame, que Sophie est innocente et qu'elle est très bonne, et nous avons toutes beaucoup d'amitié pour elle.

MADAME DE ROSBOURG. — Vous voyez aussi, madame, que vous avez puni Sophie injustement. Vous disiez tout à l'heure que vous désiriez partir promptement ; voulez-vous nous permettre d'emmener Sophie dès ce soir ? Vous auriez ainsi toute liberté pour faire vos préparatifs de voyage.

Mme Fichini, honteuse, n'osa pas refuser. Elle appela Sophie :

— Vous partirez ce soir, mademoiselle. *(Sophie ne put dissimuler un mouvement de joie.)* Je pense que vous êtes enchantée de me quitter. Je vous dispense de m'écrire, et je ne me tuerai pas non plus à vous donner de mes nouvelles.

(Se tournant vers ces dames.) Allons dîner, chères dames. A mon retour, je vous inviterai pour vous

faire la lecture de mes impressions de voyage.

Et ces dames, suivies des enfants, passèrent à table.

Après le dîner, les petites allèrent avec Sophie dans le petit salon où étaient ses jouets et ses petites affaires. Elle en avait peu.

Mmes de Fleurville et de Rosbourg, qui attendaient avec impatience le moment de quitter Mme Fichini, demandèrent leur voiture.

MADAME FICHINI. — Comment ! déjà, mes chères dames ? Il n'est que huit heures.

MADAME DE FLEURVILLE. — Je regrette, madame, de vous quitter si tôt, mais je désire rentrer avant la nuit.

MADAME FICHINI. — Pourquoi donc avant la nuit ? La route est si belle !

MADAME DE ROSBOURG. — Marguerite est encore bien petite et je crains qu'elle ne soit trop fatiguée.

Un domestique vint avertir que la voiture était avancée. Mme Fichini dit adieu à ces dames et aux enfants ; elle appela Sophie d'un ton sec.

— Venez donc me dire adieu, mademoiselle. Vilaine sans cœur, vous avez l'air enchantée de vous en aller. Je suis bien sûre que ces demoiselles ne quitteraient pas leurs mamans sans pleurer.

— Maman ne voyagerait pas sans moi, répondit Marguerite avec vivacité, ni Mme de Fleurville sans Camille et Madeleine.

Mme Fichini devint rouge de colère. Elle fut sur le point de donner un soufflet à Marguerite mais se retint. Elle appela Sophie une seconde fois, lui donna sur le front un baiser sec et lui dit en la repoussant :

— Je vois, mademoiselle, que vous dites de moi de jolies choses à vos amies. Prenez garde, je reviendrai un jour ! Adieu !

Sophie voulut lui baiser la main, mais Mme Fichini la retira avec colère. La petite fille s'esquiva et monta avec précipitation dans la voiture.

Les chevaux partirent. Mme de Fleurville, voyant l'inquiétude de Sophie, ordonna au cocher d'aller bon train.

Un quart d'heure plus tard, la voiture s'arrêtait devant le perron de Fleurville, et l'heureuse Sophie sauta à terre, légère comme une plume, et remerciant le bon Dieu du bon temps qu'elle allait passer près de ses amies.

Il fut décidé qu'elle dormirait dans la même chambre que Marguerite, et elle y dormit paisiblement jusqu'au lendemain.

Chapitre XV

SOPHIE ET LE CASSIS

Sophie était depuis quinze jours à Fleurville ; elle se sentait si heureuse que tous ses défauts et ses mauvaises habitudes étaient comme engourdis. Elle n'avait plus besoin de voler du pain pour satisfaire son appétit ; on lui en donnait autant qu'elle en voulait. Les premiers jours, elle ne pouvait croire à son bonheur. Elle mangea et but tant qu'elle pouvait avaler. Au bout de trois jours, quand elle fut bien sûre qu'on lui donnerait à manger chaque fois qu'elle aurait faim, elle devint plus raisonnable. Les premiers jours, elle se dépêchait de manger, de peur qu'on ne la fît sortir de table avant que sa faim ne fût assouvie.

Mme de Fleurville lui promit de ne jamais la chasser de table mais de la laisser finir tranquillement son repas.

MADELEINE. — Ma pauvre Sophie, tu as toujours l'air d'avoir peur. Tu te dépêches et tu te caches pour les choses les plus innocentes.

SOPHIE. — C'est que je crois toujours entendre ma belle-mère. J'oublie sans cesse que je suis avec vous, qui êtes si bonnes.

Sophie baisa la main de Mme de Fleurville qui l'embrassa tendrement.

SOPHIE, *attendrie*. — Ah ! Madame, tous les jours je demande au bon Dieu de me laisser toujours avec vous.

MADAME DE FLEURVILLE. — Il faut lui demander, mon enfant, qu'il te rende si sage et si bonne que le cœur de ta belle-mère s'adoucisse et que tu puisses vivre heureuse avec elle.

Sophie ne répondit rien ; elle avait l'air de trouver ce conseil trop difficile à suivre.

Marguerite était tout interdite.

MADAME DE ROSBOURG, *souriant*. — Qu'as-tu donc, Marguerite ?

MARGUERITE. — Maman... c'est que... je n'aime pas que... je ne sais comment dire ; mais je ne veux pas demander au bon Dieu que la méchante Mme Fichini revienne pour fouetter encore la pauvre Sophie.

MADAME DE ROSBOURG. — Mme de Fleurville n'a pas dit qu'il fallait demander cela au bon Dieu.

MARGUERITE. — Mais, maman, Mme Fichini est trop méchante pour devenir bonne. Elle déteste trop Sophie pour la rendre heureuse.

MADAME DE FLEURVILLE. — Chère petite, le bon Dieu peut tout ce qu'il veut; il peut donc changer le cœur de Mme Fichini. Sophie serait plus heureuse aimée de sa belle-mère et vivant chez elle, que chez des étrangers qui ont certainement beaucoup d'amitié pour elle, mais qui ne lui doivent rien.

SOPHIE. — C'est vrai cela, Marguerite; si ma belle-mère pouvait un jour m'aimer comme t'aime ta maman, je serais heureuse comme tu l'es, et je ne serais pas inquiète de ce que je deviendrai dans quelques mois.

MARGUERITE, *soupirant.* — Et pourtant, j'aurai bien peur quand Mme Fichini reviendra.

SOPHIE, *tout bas.* — Et moi aussi.

On se leva de table et les enfants allèrent bêcher leur jardin.

Camille et Madeleine chargèrent Marguerite et Sophie de chercher quelques jeunes groseilliers et des framboisiers pour les planter.

— Où irons-nous? demanda Marguerite.

SOPHIE. — J'en ai vu près du bois.

MARGUERITE. — Il vaut mieux demander au jardinier.

SOPHIE. — Je vais toujours voir ceux auxquels je pense; si nous ne pouvons pas les arracher, nous demanderons au père Louffroy de nous aider.

Elles arrivèrent près des arbustes : ils étaient couverts de fruits ! Sophie se précipita dessus et mangea avec avidité. Marguerite, après y avoir goûté, s'arrêta.

— Mange donc, nigaude, profite de l'occasion, lui dit Sophie.

MARGUERITE. — Quelle occasion ? J'en mange tous les jours à table.

SOPHIE, *avalant gloutonnement.* — C'est bien meilleur quand on les cueille soi-même !

Marguerite la regardait faire avec surprise. Jamais elle n'avait vu quelqu'un manger aussi gloutonnement. Enfin, quand Sophie ne put plus rien avaler, elle poussa un soupir de satisfaction et essuya sa bouche avec des feuilles.

MARGUERITE. — Pourquoi t'essuyes-tu avec des feuilles ?

SOPHIE. — Pour qu'on ne voie pas de taches de cassis à mon mouchoir.

MARGUERITE. — Qu'est-ce que ça fait ? Les mouchoirs sont faits pour avoir des taches.

SOPHIE. — Si on voyait que j'ai mangé du cassis, on me punirait.

MARGUERITE. — Quelle idée ! On ne te dirait rien du tout ! Nous mangeons ce que nous voulons.

SOPHIE, *étonnée.* — Ce que vous voulez ? Et vous n'êtes jamais malades ?

MARGUERITE. — Jamais. Nous ne mangeons jamais trop.

Sophie, qui sentait qu'elle avait été trop gourmande, ne put s'empêcher de rougir.

Elles allaient arracher quelques pieds de groseilliers quand elles entendirent appeler :

— Sophie, Marguerite, où êtes-vous?

SOPHIE, MARGUERITE. — Nous voici, nous voici.

Camille et Madeleine accoururent.

CAMILLE. — Qu'est-ce que vous faites depuis plus d'une heure? Nous vous attendions, et maintenant notre heure de récréation est passée!

MADELEINE. — A quoi vous êtes-vous amusées? Vous n'avez pas arraché un seul arbrisseau!

MARGUERITE, *riant*. — C'est que Sophie man...

SOPHIE, *vivement*. — Tais-toi, rapporteuse, tu vas me faire gronder.

MARGUERITE. — Mais je te dis qu'on ne te grondera pas. Ma maman n'est pas comme la tienne.

CAMILLE. — Sophie, laisse donc parler Marguerite.

MARGUERITE. — Eh bien, depuis plus d'une heure, au lieu d'arracher des groseilliers, Sophie mange des groseilles et du cassis. Jamais je n'ai vu manger autant en aussi peu de temps. Cela m'amusait beaucoup.

MADELEINE. — Pourquoi as-tu tant mangé, Sophie? Tu vas être malade.

SOPHIE, *embarrassée*. — Oh, non. J'avais très faim.

CAMILLE. — Comment, faim? Nous sortions de table!

SOPHIE. — Faim, pas de viande mais de cassis.

CAMILLE. — Ah, ah! Faim de cassis... Mais comme tu es pâle! Je suis sûre que tu as mal au cœur.

SOPHIE, *un peu fâchée.* — Pas du tout, mademoiselle.

MADELEINE. — Ne te fâche pas et reviens avec nous.

Sophie se sentait un peu mal à l'aise et ne répondit rien; elle suivit ses amies, qui reprirent le chemin de la maison. Tout le long de la route, elle ne dit pas un mot. Camille, Madeleine et Marguerite, croyant qu'elle boudait, causaient entre elles.

Leurs mamans les attendaient dans leur chambre de travail. Camille, Madeleine et Marguerite s'assirent devant leur pupitre; Sophie avança lentement.

— Comme tu es pâle! s'exclama Mme de Fleurville.

— C'est le cassis! s'écria Marguerite.

SOPHIE. — Ce n'est rien, madame, seulement... j'ai un peu... mal au cœur...

Et son estomac, ne pouvant garder les fruits, les rejeta sur le parquet.

Mme de Fleurville la mit au lit sans mot dire.

SOPHIE. — Pardonnez-moi, chère madame.

MADAME DE FLEURVILLE. — Tu es bien punie pour ta gourmandise. Et tu seras aussi privée de la promenade que nous ferons aujourd'hui pour goûter les cerises de Mme de Vertel. Je ne défends pas les fruits et les autres friandises, mais il faut en manger sagement.

Chapitre XVI

LE CABINET DE PENITENCE

Une heure après, Camille, Madeleine et Marguerite vinrent prendre des nouvelles de Sophie. Elles portaient leurs chapeaux et des robes propres.

SOPHIE. — Pourquoi vous êtes-vous habillées ?

CAMILLE. — Pour aller goûter les cerises chez Mme de Vertel.

MADELEINE. — Nous nous serions mieux amusées avec toi, Sophie !

SOPHIE. — Oh ! Je regrette d'avoir été aussi gourmande ! C'est que je n'ai pas l'habitude de manger de bonnes choses.

MARGUERITE. — Maman dit toujours que

quand on mange trop, on ressemble aux petits cochons.

Sophie trouva la comparaison désagréable.

Les trois petites partirent.

Et elles rentrèrent enchantées de leur matinée.

Le lendemain, Camille dit à Sophie :

— Sais-tu, Sophie, que ce soir nous ferons des confitures de cerises? Mme de Vertel nous a montré comment elle faisait; tu nous aideras! Et maman a dit que ces confitures seraient à nous, puisque nous avons cueilli les cerises.

— Bravo! dit Sophie, quels bons goûters nous allons faire!

MADELEINE. — Il faudra en donner à la pauvre femme Jean, qui est malade et qui a six enfants.

SOPHIE. — C'est trop bon pour une pauvresse. Elle a l'habitude de s'en passer.

CAMILLE. — C'est précisément parce qu'elle n'en a jamais que nous lui en donnerons.

SOPHIE. — Pourquoi ne mange-t-elle pas du pain, des légumes et du beurre? Je ne me donnerai certainement pas la peine de faire des confitures pour elle!

MARGUERITE. — Et qui te demande d'en faire? Nous n'avons pas besoin de ton aide.

SOPHIE. — D'abord, mademoiselle, il y a des cerises qui sont pour moi, là-dedans.

MARGUERITE. — Tu n'as droit à rien; on ne t'a rien donné; mais, comme je ne veux pas être gourmande et avare comme toi, tiens!

En disant ces mots, Marguerite prit une grande

poignée de cerises et les lança à la tête de Sophie. Celle-ci s'élança sur Marguerite et lui donna un coup de poing.

Camille et Madeleine se jettèrent entre elles. Marguerite s'apaisa immédiatement. Mais Sophie voulait absolument se venger.

— Laisse-moi, criait-elle, laisse-moi lui donner des coups.

Les cris de Sophie attirèrent Mmes de Rosbourg et de Fleurville. Elles entrèrent au moment où Sophie s'élançait sur Marguerite. La présence de ces dames arrêta subitement le bras levé de Sophie ; elle resta pétrifiée.

Mme de Fleurville s'approcha d'elle en silence, la prit par le bras et l'emmena dans une pièce que Sophie ne connaissait pas encore et qui s'appelait le cabinet de pénitence. Elle l'installa sur une chaise devant une table et, lui montrant du papier, une plume et de l'encre, lui dit :

— Vous allez achever votre journée dans ce cabinet, mademoiselle.

SOPHIE. — Ce n'est pas moi, madame, c'est Marguerite.

MADAME DE FLEURVILLE, *d'un air sévère*. — Taisez-vous ! Vous allez copier dix fois la prière : *Notre Père qui êtes aux cieux*. Quand vous serez calmée, vous irez vous coucher.

SOPHIE, *avec emportement*. — Je vous dis, madame, que c'est Marguerite.

MADAME DE FLEURVILLE, *avec force*. — Taisez-vous et écrivez.

Mme de Fleurville sortit de la chambre, dont elle ferma la porte à clef, et alla chez les enfants pour connaître la cause de l'emportement de Sophie. Camille et Madeleine lui racontèrent ce qui était arrivé. Mme de Rosbourg était fâchée contre Marguerite qui, malgré son repentir, était condamnée à dîner et passer la soirée dans sa chambre.

MADAME DE FLEURVILLE. — C'est fort triste, mais Mme de Rosbourg a bien fait de punir Marguerite.

CAMILLE. — Pourtant, maman, Marguerite avait raison.

MADAME DE FLEURVILLE. — C'est vrai, Camille ; mais Marguerite n'aurait pas dû s'emporter. Elle aurait dû lui expliquer son opinion calmement.

CAMILLE. — Sophie ne voulait pas l'écouter.

MADAME DE FLEURVILLE. — Sophie est vive, mais elle a bon cœur. Elle aurait compris la leçon et en serait devenue meilleure, tandis que maintenant elle est furieuse.

MADELEINE. — Oh, maman, permettez-moi d'aller lui parler.

MADAME DE FLEURVILLE. — Non, Madeleine, je veux qu'elle reste seule jusqu'au soir. J'irai lui parler dans une heure.

Pendant ce temps, Sophie pleurait, non de repentir mais de rage. Elle examina le cabinet pour voir si on pouvait s'en échapper. Elle chercha quelque chose à briser, à déchirer ; les murs étaient nus, peints en gris ; il n'y avait d'autre meuble qu'une table et une chaise. Restaient la plume, le papier et le livre dans lequel elle devait copier. Sophie saisit la plume, la jeta par terre et l'écrasa sous ses pieds ; elle déchira le papier en mille morceaux, se précipita sur le livre et en arracha toutes les pages. Elle voulut aussi briser la chaise mais elle n'en eut pas la force. Quand elle n'eut plus rien à casser et à déchirer, elle fut bien obligée de rester tranquille. Petit à petit, sa colère se calma, elle se mit à réfléchir et fut épouvantée de ce qu'elle avait fait.

— Que va dire Mme de Fleurville ? pensa-t-elle, quelle punition va-t-elle m'infliger ? Bah, elle me fouettera. Ma belle-mère m'y a tellement habituée... N'y pensons plus et essayons de dormir.

Elle ferma les yeux mais le sommeil ne venait pas. Une heure plus tard, elle entendit la clef tourner dans la serrure et Mme de Fleurville entra. Sophie se leva et resta interdite. Mme de Fleurville regarda les papiers et lui dit d'un ton calme :

— Ramassez tout cela, mademoiselle.

Sophie ne bougea pas.

— Je vous dis de ramasser ces papiers.

Sophie resta immobile.

— Vous ne voulez pas ? Vous avez tort. Vous aggravez votre faute.

Elle appela la bonne, Elisa :

— Elisa, voulez-vous ramasser tous ces débris ? C'est mademoiselle Sophie qui a mis en pièces un livre et du papier. Voulez-vous ensuite m'apporter une autre *Journée du chrétien*, du papier et une plume ?

Pendant qu'Elisa balayait les papiers, Mme de Fleurville s'assit sur la chaise et regarda Sophie qui, tremblante devant le calme de Mme de Fleurville, aurait tout donné pour ne pas avoir déchiré le livre, le papier et écrasé la plume.

Quand Elisa apporta les objets demandés, Mme de Fleurville appela tranquillement Sophie, la fit asseoir sur la chaise et lui dit :

— Vous allez écrire dix fois *Notre Père*, mademoiselle. Vous n'aurez pour dîner que de la soupe, du pain et de l'eau. Vous payerez tous les objets que vous avez abîmés avec votre argent de poche. Vous passerez vos journées ici, sauf deux heures de promenade que vous ferez avec Elisa, qui aura ordre de ne pas vous parler. Je vous enverrai votre repas ici. Vous ne serez délivrée de votre prison que lorsque vous aurez demandé pardon au bon Dieu de votre dureté envers les pauvres, de votre gourmandise égoïste, de votre comportement envers Marguerite, de votre esprit de colère et de votre méchanceté. J'espérais vous trouver dans de bonnes dispositions, mais je vois que je devrai attendre jusqu'à demain.

Mme de Fleurville se dirigea vers la porte, mais Sophie se jeta à ses genoux, lui saisit les mains, qu'elle couvrit de baisers et de larmes, et à travers ses sanglots fit entendre ces mots :

— Pardon, pardon !

Mme de Fleurville la prit dans ses bras et lui dit avec douceur :

— Ma chère enfant, c'est très bien de te repentir ; mais tu supporteras quand même ta punition. Tu ne reviendras pas avec tes amies avant demain soir, et ta punition se passera comme je te l'ai expliqué.

SOPHIE, *avec véhémence.* — Oh ! Chère madame ! Tout ce que je demande, c'est votre pardon. J'ai été si méchante, si détestable !

MADAME DE FLEURVILLE. — Je te pardonne du fond du cœur mon enfant. Je vais t'envoyer à dîner ; ensuite tu écriras ce que je t'avais dit d'écrire, et tu achèveras ta soirée avec un livre que l'on t'apportera tout à l'heure.

Mme de Fleurville embrassa encore Sophie et sortit sans prendre cette fois la précaution de fermer la porte à clef. Cette preuve de confiance toucha Sophie.

— Comment, se dit-elle, ai-je pu être aussi méchante avec mes amies ? Et si hardie envers une personne aussi douce que Mme de Fleurville ?

Elle se mit à genoux et pria du fond du cœur pour que ses fautes lui soient pardonnées.

Elisa entra, lui apportant une assiettée de soupe, un gros morceau de pain et une carafe d'eau.

ELISA. — Voilà, mademoiselle, un vrai repas de prisonnier.

SOPHIE. — Hélas, ma bonne Elisa, je n'en mérite pas tant.

ELISA. — Ah, ah ! Vous avez changé de ton ! Vous aviez un air ! On aurait dit un vrai petit démon...

SOPHIE. — C'est ce que j'étais. Mais je le regrette.

Sophie se mit à table et mangea ; elle avait faim.

SOPHIE. — C'est singulier : quand j'étais

méchante et que ma belle-mère me punissait, je me sentais encore plus méchante après. Tandis qu'avec Mme de Fleurville qui m'a punie, j'ai envie d'être meilleure.

ELISA. — C'est que votre belle-mère vous punissait avec colère, et parfois par caprice ; tandis que Mme de Fleurville vous punit par devoir et pour votre bien. Vous le sentez probablement.

SOPHIE. — Oui, vous avez raison, Elisa.

Après son repas, Sophie se mit au travail. Elle s'appliqua à très bien écrire. Puis Elisa vint la chercher pour la coucher. Marguerite dormait déjà profondément ; Sophie s'approcha de son lit et l'embrassa tout doucement. Ensuite, elle fit sa prière et ne tarda pas à s'endormir.

Chapitre XVII

LE LENDEMAIN

La journée du lendemain se passa assez tristement. Marguerite se reprochait d'avoir causé la punition de Sophie. Celle-ci passa la journée dans le cabinet de pénitence. Personne ne vint la voir, sauf Elisa qui lui apporta son déjeuner.

SOPHIE. — Comment vont mes amies, Elisa?

ELISA. — Elles vont bien, mais elles ne sont pas gaies.

SOPHIE. — Ont-elles parlé de moi? M'aiment-elles encore?

ELISA. — Bien sûr, qu'elles parlent de vous! Elles ne font que ça! — Pauvre Sophie, disent-elles, comme elle doit être malheureuse !

SOPHIE, *attendrie*. — Elles sont bien bonnes ! Et Marguerite, est-elle en colère contre moi ?

ELISA. — Elle se désole d'avoir été méchante ; elle dit que c'est sa faute si vous vous êtes emportée ; qu'elle devrait être punie à votre place, et que lorsque vous sortirez de prison, c'est elle qui vous demandera pardon.

SOPHIE. — Pauvre petite Marguerite ! C'est moi qui ai tous les torts. Savent-elles tout ce que j'ai fait ?

ELISA. — Oui, je leur ai tout raconté. Mais elles savent aussi que vous vous êtes repentie.

Sophie remercia Elisa et se remit à l'ouvrage.

Mme de Fleurville lui apporta ses devoirs, mais aussi des livres amusants et son ouvrage de tapisserie. La voyant si sage, elle lui dit qu'avant de se coucher elle pourrait venir embrasser ses amies au salon. Sophie lui promit de mériter cette récompense. Mme de Fleurville l'embrassa encore et la quitta.

Sophie travailla tant et si bien qu'elle ne s'ennuya pas. Elle fut étonnée quand Elisa vint lui apporter son second déjeuner.

— Déjà ? dit-elle.

ELISA. — L'heure est même passée ; vous n'avez pas faim ?

SOPHIE. — Si ! Qu'y a-t-il pour déjeuner ?

ELISA. — Une tartine de beurre, une côtelette, une cuisse de poulet, des pommes de terre sautées, mais pas de dessert.

SOPHIE. — Merci, ma chère Elisa. J'espère que dans peu de temps je deviendrai aussi sage que mes amies.

ELISA. — Soyez tranquille, vous commencez déjà à être bonne. Quand votre belle-mère reviendra, elle ne vous reconnaîtra pas.

Penser au retour de sa belle-mère ne fit pas plaisir à Sophie. Elle acheva son déjeuner. Elisa lui dit qu'elle allait remporter le plateau et qu'elle reviendrait ensuite la chercher pour la promenade.

— Après la promenade, vous reviendrez travailler ; puis vous dînerez ; et ensuite je vous promènerai encore pendant une bonne heure.

La journée se passa sans trop d'ennui pour Sophie. Camille, Madeleine et Marguerite attendaient chaque fois Elisa au sortir du cabinet de pénitence pour la questionner sur ce que faisait Sophie.

CAMILLE. — Est-elle triste ?

MADELEINE. — S'ennuye-t-elle beaucoup ?

MARGUERITE. — Est-elle fâchée contre moi ? Parle-t-elle un peu ?

Elisa les rassurait et disait que Sophie prenait sa punition avec douceur et résignation.

Le soir, Mme de Fleurville vint elle-même chercher Sophie pour la mener au salon, où l'attendaient avec anxiété Camille, Madeleine et Marguerite.

— Voilà Sophie que je vous ramène, mes chères enfants ; non pas la Sophie d'avant-hier, colérique, gourmande, menteuse et méchante ; mais une Sophie douce, sage, raisonnable.

Sophie se jeta dans les bras de ses amies. Elle

et Marguerite se demandèrent réciproquement pardon.

Après la prière, les enfants s'embrassèrent tendrement et allèrent se coucher.

Chapitre XVIII

LE ROUGE-GORGE

Un mois après, Camille et Madeleine étaient assises sur un banc dans le jardin; elles tressaient des paniers avec des joncs que Sophie et Marguerite cueillaient dans un fossé.

— Madeleine! Madeleine! cria Sophie en accourant, je t'apporte un petit oiseau très joli; je te le donne; il est pour toi.

— Voyons, quel oiseau? dit Camille en jetant ses joncs.

Et elle s'élança vers Sophie.

SOPHIE. — Un rouge-gorge; c'est Marguerite qui l'a vu et c'est moi qui l'ai attrapé; regarde comme il est gentil.

CAMILLE. — Il est charmant ! Pauvre petit, il doit avoir peur. Et sa maman, elle se désole sans doute...

MARGUERITE. — Pas du tout ! C'est elle qui l'a jeté hors du nid ; elle lui a donné des coups de bec et l'a précipité à terre ; le pauvre petit est tombé tout étourdi ; je n'osais pas le toucher ; Sophie l'a pris en disant que ce serait pour toi, Madeleine.

MADELEINE. — Oh ! Merci, Sophie ! Portons-le vite à la maison pour lui donner à manger. Camille, regarde comme mon petit oiseau est gentil ! Et quel joli petit ventre rouge !

CAMILLE. — Il est charmant ; mettons-le dans un panier en attendant d'avoir une cage.

Les quatre petites filles coururent à la maison pour montrer leur rouge-gorge et demander un panier.

ELISA. — Tenez, mes petites, voici un panier.

MARGUERITE. — Mais il faut lui faire un petit lit.

ELISA. — Non, il vaut mieux mettre de la mousse et un peu de laine.

MARGUERITE. — Si Madeleine le prenait pour dormir avec elle, il aurait encore plus chaud.

MADELEINE. — Mais je pourrais l'écraser en dormant. Non, non, Elisa nous a donné le meilleur conseil. Tu vas voir comme il sera bien installé.

SOPHIE. — Oh, Madeleine, laisse-moi faire ; je sais très bien arranger les nids d'oiseaux ; Palmyre en faisait souvent pour les petits qu'elle dénichait.

MADELEINE. — Je veux bien ; qu'est-ce que tu

vas mettre ?

SOPHIE. — Ne me regardez pas, vous verrez quand ce sera fini. Elisa, il me faut du coton et un petit linge.

ELISA. — Pour quoi faire ? Vous allez l'habiller ?

Les enfants rirent toutes.

— Mais non, Elisa, répondit Sophie ; vous allez voir ; donnez-moi seulement ce que je vous demande.

Elisa lui donna une poignée de coton et du linge. Sophie prit le rouge-gorge, se mit dans un coin, et après dix minutes s'écria : — C'est fini !

Les enfants, qui attendaient avec impatience, s'élancèrent vers Sophie et cherchèrent vainement l'oiseau.

MADELEINE. — Eh bien ! Où sont donc le rouge-gorge et son nid ?

SOPHIE. — Mais les voici.

MADELEINE. — Où cela ?

SOPHIE. — Dans le panier.

MADELEINE. — Je ne vois qu'une boule de coton.

SOPHIE. — C'est précisément cela.

MADELEINE. — Mais où est l'oiseau ?

SOPHIE. — Dans le coton, bien au chaud.

Toutes trois poussèrent un cri ; toutes les mains plongèrent dans le panier pour en retirer le pauvre oiseau, étouffé sans doute. Elisa en retira le rouge-gorge ; ses yeux étaient fermés, son bec entrouvert, ses ailes étendues ; il ne bougea pas.

— Pauvre petit ! s'écrièrent en même temps Elisa et les trois petites.

— Imbécile de Sophie! ajouta Marguerite.

Sophie était aussi étonnée que confuse.

— Je ne savais pas... Je ne croyais pas... dit-elle en balbutiant.

MARGUERITE. — Pourquoi veux-tu toujours faire quand tu ne sais pas?

ELISA. — Chut, Marguerite, pas de colère; vous voyez bien que Sophie a autant de peine que vous. Tâchons de le ranimer; peut-être n'est-il pas encore mort.

MADELEINE, *tristement*. — Croyez-vous qu'il puisse vivre?

ELISA. — Essayons toujours; Sophie, allez me chercher un peu de vin.

Elisa entrouvrit le bec du petit oiseau et souffla doucement dedans. Sophie apporta le vin et Elisa en mit deux gouttes dans le bec; l'oiseau fit alors un léger mouvement avec ses ailes.

— Il a bougé! Il a bougé! s'écrièrent ensemble les quatre petites.

En effet, au bout de quelques minutes, le rouge-gorge était revenu à la vie.

MARGUERITE, *moqueuse*. — C'est Palmyre qui t'a appris ce moyen de soigner les oiseaux?

SOPHIE. — Oui, elle les enveloppe tous comme cela.

MARGUERITE, *de même*. — En a-t-elle élevé beaucoup?

SOPHIE. — Oh non! Ils mouraient tous et nous ne comprenions pas pourquoi.

ELISA. — Comment! Vous ne compreniez pas

qu'ils étouffaient ?

SOPHIE. — Non, je croyais qu'ils n'avaient pas besoin de respirer.

ELISA. — Ah, ah ! En voilà une bonne !

SOPHIE, *confuse*. — Je ne savais pas.

ELISA. — Allons, laissez-moi cet oiseau ; je m'en charge.

En effet, Elisa dirigea l'éducation du rouge-gorge. Madeleine partageait les soins qu'elle lui donnait. Le petit oiseau s'était attaché à elle ; elle l'avait nommé Mimi ; il venait quand elle l'appelait, et se posait souvent sur son bras quand elle suivait ses leçons ; il finit par ne plus la quitter ; la porte de sa cage restait toujours ouverte. Quand la fenêtre était ouverte, il allait se percher sur les arbres voisins, mais il ne s'éloignait jamais beaucoup, et quand Madeleine l'appelait, il revenait à tire-d'aile se poser sur sa tête ou sur son épaule. Le matin, Mimi éveillait Madeleine au petit jour : il lui becquetait l'oreille ou les lèvres.

— Va-t-en, Mimi, lui disait-elle, laisse-moi dormir !

Mimi rentrait dans sa cage, y restait quelques instants et, quand sa maîtresse s'était endormie, revenait se poser sur son épaule et se mettait à lui siffler dans l'oreille ses plus jolis airs.

— Tais-toi, Mimi, lui disait encore Madeleine, tu m'ennuies.

— Qu'as-tu donc, Madeleine ? lui demanda un jour Mme de Fleurville. Tu parais fatiguée.

MADELEINE. — Oui, maman, j'ai envie de

dormir.

MARGUERITE. — Je parie que c'est à cause de Mimi.

MADAME DE ROSBOURG. — Comment Mimi peut-il donner sommeil à Madeleine? Tu parles trop souvent sans réfléchir, Marguerite.

MARGUERITE. — Pardon, maman, vous allez voir que j'ai très bien réfléchi. Quand on a sommeil, c'est qu'on a envie de dormir.

MADAME DE ROSBOURG, *riant*. — Oh! je vois que tu raisonnes au moins aussi bien que Mimi! *(Tout le monde rit.)*

MARGUERITE. — Attendez un peu, maman, pour vous moquer de moi. Je continue : quand on a envie de dormir, c'est qu'on a besoin de dormir. *(Tout le monde rit plus fort; Marguerite, sans se troubler, continua son raisonnement.)* Quand on a besoin de dormir, c'est qu'on n'a pas assez dormi, c'est que quelque chose ou quelqu'un vous a empêché de dormir. Ce quelqu'un est Mimi, qui éveille Madeleine tous les matins au petit jour.

MADAME DE FLEURVILLE. — Très bien, Marguerite! C'est très bien raisonné. Mais comment Mimi commet-il tous ces méfaits?

MARGUERITE. — Madame, Madeleine ne veut pas que Mimi soit enfermé dans sa cage; elle le gâte; elle est beaucoup trop bonne pour lui, et c'est elle qui en souffre.

MADAME DE FLEURVILLE. — Ma chère Madeleine, il ne faut pas laisser prendre à Mimi de mauvaises habitudes. Tu es pâle depuis quelques jours ; à la longue, tu risques de tomber malade. Je te conseille d'aller te coucher et de fermer ce soir la porte de la cage de Mimi ; tu la lui ouvriras quand tu seras levée.

MADELEINE. — Oui, maman ; seulement, j'ai peur que demain matin il ne crie comme un désespéré.

MADAME DE FLEURVILLE. — Eh bien, laisse-le crier. Il s'y fera.

Madeleine embrassa sa maman, ses amies et Mme de Rosbourg et alla se coucher. Elle ferma la porte de la cage et s'endormit immédiatement.

Le lendemain, quand il fit jour, Mimi voulut aller réveiller sa maîtresse comme d'habitude. Il fut étonné et irrité de trouver sa porte fermée et chercha à l'ouvrir avec son bec ; mais il n'y parvint pas et, fâché, donna de grands coups de tête dans la porte. Il se mit à pousser des cris furieux. Il lança de l'eau de tous côtés.

Entendant ces bruits, Madeleine se réveilla mais se rendormit, jusqu'à ce que sa bonne vienne l'éveiller. Alors elle s'empressa d'ouvrir à Mimi qui s'élança hors de la cage avec humeur et donna deux grands coups de bec dans la joue de Madeleine, comme pour se venger d'avoir été enfermé.

— Ah ! petit méchant ! tu es en colère ! viens ici ! s'écria Madeleine.

Mimi s'était perché sur un bâton de croisée et n'obéit pas.

— Obéissez, monsieur, venez ici tout de suite !

Pour toute réponse, Mimi fit une ordure dans

la main de Madeleine.

— Petit dégoûtant! Elisa, viens m'aider à l'attraper, je t'en prie.

Elisa poursuivit Mimi jusqu'à ce qu'il se réfugie dans sa cage, essoufflé.

Madeleine ferma la porte et l'oiseau, furieux, resta prisonnier.

Ce n'est qu'après deux heures de prison que les quatre petites filles vinrent ouvrir la cage. Mimi refusa de bouger.

— Allons, Mimi, ne boude plus! dit Camille.

Il ne bougea pas.

— Dieu, qu'il est méchant! s'écria Madeleine.

CAMILLE. — Il ne veut pas venir? Eh bien, laissons-le tranquille.

On ouvrit les fenêtres. Quand Mimi aperçut les arbres et le ciel, il s'élança joyeusement hors de sa cage et alla se poser sur un des plus hauts sapins du jardin.

Au bout d'une heure, Madeleine l'appela :

— Mimi, mon petit Mimi, viens manger du pain.

— Cuic! répondit Mimi; et il s'envola dans le bois.

Les enfants recommencèrent à jouer et prirent leurs repas sans que Mimi reparût. A la fin de la journée, elles commencèrent à s'inquiéter de cette longue absence. Elles allèrent plusieurs fois l'appeler dans le jardin, mais il n'apparaissait pas.

MADELEINE. — J'ai peur qu'il ne lui soit arrivé quelque chose.

SOPHIE. — Peut-être boude-t-il encore?

MADELEINE. — S'il boude, il a un bien mauvais caractère.

La nuit arriva et les petites durent aller se coucher. Elles parlèrent beaucoup de l'oiseau dans la soirée, se promettant d'aller le lendemain à sa recherche.

Le matin, elles parcoururent tout le bois en l'appelant : Mimi ! Mimi ! Elles revenaient, tristes et inquiètes lorsque Madeleine, qui marchait en avant, fit un bond et poussa un cri :

— Qu'y a-t-il? demandèrent les trois autres petites.

— Regardez ! fit Madeleine d'une voix tremblante en montrant du doigt un petit amas de plumes, et à côté la tête très reconnaissable du malheureux Mimi.

— Pauvre Mimi ! Il a dû être attaqué par un vautour !

Les enfants ne dirent rien. Madeleine pleurait. Elles ramassèrent les restes de Mimi pour l'enterrer. Une fois rentrées à la maison, elles creusèrent un trou dans leur petit jardin. Elles y placèrent les restes de Mimi, enveloppés de chiffons et de rubans, et enfermés dans une petite boîte. Elles mirent des fleurs dessus et remplirent la fosse de terre.

Elles élevèrent ensuite, à l'aide du maçon, quelques briques formant un petit temple. Elles attachèrent au-dessus une planche sur laquelle Camille, qui avait la plus belle écriture, écrivit :

« Ci-gît Mimi, qui par sa grâce et sa gentillesse faisait le bonheur de sa maîtresse, jusqu'au jour où il périt victime d'un moment d'humeur. Sa fin fut cruelle : il fut dévoré par un vautour.

Ses restes, retrouvés par sa maîtresse inconsolable, reposent ici.

Fleurville, 1856
20 août »

Ainsi finit Mimi, à l'âge de trois mois.

Chapitre XIX

L'ILLUMINATION

Il y avait un an que Sophie habitait à Fleurville, et elle n'avait encore reçu aucune nouvelle de sa belle-mère. Loin de s'en inquiéter, ce silence la laissait calme et tranquille. Elle vivait heureuse chez ses amies. Chaque journée passée avec ces enfants modèles la rendait meilleure et développait en elle tous les bons sentiments que l'excessive sévérité de sa belle-mère avait comprimés, et presque étouffés. Mme de Fleurville et son amie Mme de Rosbourg étaient très tendres avec leurs enfants, mais sans les gâter.

Un jour, Mme de Fleurville entra chez Sophie.

Elle tenait une lettre.

— Chère enfant, dit-elle, voici une lettre de ta belle-mère...

Sophie pâlit, cacha sa figure dans ses mains et retint avec peine ses larmes.

— Ma pauvre Sophie, lui dit Mme de Fleurville, rassure-toi ; elle m'écrit qu'elle est à Naples, où elle s'est remariée avec un comte Blagowski, et qu'une des conditions du mariage était que tu n'habites plus chez elle. En conséquence, ta belle-mère me demande de te mettre dans une pension quelconque *(Sophie rougit encore et regarda Mme de Fleurville d'un air suppliant et effrayé)* ; à moins, continua Mme de Fleurville, que je ne préfère garder auprès de moi un aussi mauvais garnement. Qu'en dis-tu, ma petite Sophie ? Veux-tu aller en pension ou préfères-tu rester ici avec nous, être ma fille et la sœur de tes chères amies ?

— Chère, chère madame, dit Sophie en se jetant dans ses bras et en l'embrassant tendrement, gardez-moi près de vous, permettez-moi de vous aimer comme une mère, de vous obéir, de vous respecter comme si j'étais vraiment votre fille.

MADAME DE FLEURVILLE, *la serrant contre son cœur.* — C'est donc convenu, chère petite, tu resteras chez moi. Et tu seras ma fille, comme Camille, Madeleine et Marguerite. Je savais bien que tu nous préférerais.

SOPHIE. — Je crains seulement de causer une dépense considérable...

MADAME DE FLEURVILLE. — Sois sans

inquiétude à ce sujet : ton père t'a laissé une grande fortune.

Sophie embrassa encore Mme de Fleurville et courut annoncer la grande nouvelle à ses amies. Ce fut la joie générale; elles se mirent à danser une ronde si bruyante qu'Elisa accourut.

MARGUERITE. — Si tu savais, ma chère Elisa, quel bonheur !

ELISA. — Mais quoi donc? Allez-vous m'expliquer?

MARGUERITE. — Sophie reste avec nous! toujours! Mme Fichini s'est remariée! Ha, ha, ha! Quel bonheur!

Et la ronde, les sauts, les cris recommencèrent de plus belle.

Elisa s'était mise de la partie et le tapage devint tel, que toute la maison vint savoir la cause de ce bruit inhabituel.

Chacun s'en allait heureux de la bonne nouvelle. Tous aimaient Sophie et la plaignaient d'avoir une aussi méchante belle-mère.

Enfin, les petites se laissèrent tomber sur des chaises.

— Mes enfants, dit Elisa, vous savez que pour les grandes fêtes on fait des illuminations. Faisons-en une ce soir en l'honneur de Sophie.

CAMILLE. — Comment? Il faudrait des lampions.

ELISA. — Nous allons en faire.

MADELEINE. — Et avec quoi?

ELISA. — Avec des coquilles de noix et de

noisettes, de la cire jaune et de la chandelle.

MARGUERITE. — Bravo, Elisa, que d'esprit tu as !

Et Marguerite se jeta sur Elisa pour l'embrasser ; Camille, Madeleine et Sophie en firent autant, de sorte qu'Elisa, enlacée, étouffée, se dégagea et s'échappa. On l'entendit s'enfermer dans sa chambre ; impossible d'y entrer, la porte était solidement verrouillée.

MARGUERITE. — Elisa ! Ouvre-nous, je t'en prie !

MADELEINE. — Elisa ! nous avons à te parler !

SOPHIE. — Elisa, une petite ronde encore et c'est fini.

ELISA. — C'est bon, cassez-vous le nez à ma porte pendant que je casse autre chose.

En effet, les enfants entendaient un bruit sec ininterrompu : crac, crac, crac.

— Qu'est-ce qu'elle fait là-dedans ? dit tout bas Sophie.

MARGUERITE. — Attends, je vais regarder par le trou de la serrure... Je ne vois rien, elle nous tourne le dos.

CAMILLE. — J'ai une idée : allons regarder par la fenêtre ; elle n'aura pas le temps de se cacher.

SOPHIE. — C'est une bonne idée ; pas de bruit !

Elles arrivèrent sous la fenêtre d'Elisa qui était trop haute pour elles. A un signe de Camille, elles s'élancèrent sur le treillage qui garnissait les murs, et en une seconde leurs têtes se trouvèrent à hauteur de la fenêtre. Elisa poussa un cri et jeta rapidement son tablier sur la commode devant laquelle elle travaillait. Trop tard ! Les petites avaient tout vu.

— Des noix ! Des noix ! crièrent-elles ensemble. Elisa casse des noix pour l'illumination de ce soir !

— Allons, puisque vous m'avez découverte, venez m'aider.

Les petites se précipitèrent dans la chambre d'Elisa et y trouvèrent déjà une centaine de coquilles de noix prêtes à être remplies de cire. En moins d'une heure, elles préparèrent deux cents lampions.

— Bon, dit Elisa. A présent, allons chercher un pot de graisse, une boîte de veilleuses, une casserole à bec et un réchaud.

Elles coururent avec Elisa à la cuisine.

Quand la graisse fut fondue, Elisa en remplit les coquilles et, tant qu'elle était chaude et liquide, les enfants mirent une mèche de veilleuse dans chacun des petits lampions.

Cette opération leur prit une bonne heure. Elles attendirent que la graisse soit bien refroidie et durcie, puis elles mirent tous les lampions dans deux paniers.

— Allons, dit Elisa, voilà notre ouvrage terminé. Il ne nous reste plus qu'à placer tous ces lampions sur les croisées, sur les cheminées, sur les tables, et nous les allumerons après le dîner, quand il fera nuit.

Mme de Fleurville et Mme de Rosbourg travaillaient dans le salon.

MADAME DE ROSBOURG. — Qu'apportez-vous là, mes enfants ?

CAMILLE. — Des lampions, madame, pour fêter Sophie et le mariage de Mme Fichini par une illumination.

MADAME DE FLEURVILLE, — C'est très joli, ces petits lampions, où les avez-vous eus ?

MADELEINE. — Nous les avons faits, maman ; Elisa nous en a donné l'idée et nous a aidées à les faire.

Les deux mamans trouvèrent l'idée très bonne.

Le dîner parut bien long aux petites. Puis elles firent une petite promenade en attendant qu'il fasse nuit. Alors elles rentrèrent et allumèrent tous les lampions. C'était magnifique, et elles étaient enchantées. Les mamans proposèrent alors une partie de cache-cache. Après deux heures de rires, il fallut pourtant finir cette belle journée. On leur offrit encore un souper de gâteaux, de crèmes et de fruits.

Puis Elisa prépara leur coucher. Sophie embrassa ses amies et se retira, le cœur rempli de reconnaissance et de bonheur.

Chapitre XX

LA PAUVRE FEMME

— Mes chères enfants, dit un jour Mme de Fleurville, si nous allions faire une grande promenade ? Le temps est magnifique et nous pourrions aller dans la forêt.

MARGUERITE. — Et cette fois-ci, je n'emporterai pas ma poupée.

MADAME DE ROSBOURG. — Je crois que tu fais bien.

CAMILLE, *souriant*. — Savez-vous, maman, ce qu'est devenue Jeannette ?

MADAME DE FLEURVILLE. — Le maître d'école est venu m'en parler il y a quelques jours ;

il en est très mécontent. Elle ne travaille pas; et le plus grave est qu'elle vole tout ce qu'elle peut attraper.

MADELEINE. — Mais comment sait-on que c'est elle qui vole? Les petites filles perdent peut-être leurs affaires...

MADAME DE FLEURVILLE. — On l'a déjà surprise trois fois en train de voler. Depuis, la maîtresse la fouille tous les soirs.

MARGUERITE. — Sa mère ne la punit pas?

MADAME DE ROSBOURG. — Sa mère lui donne de mauvais exemples.

SOPHIE. — Elle vole aussi?

MADAME DE FLEURVILLE. — Oui, dans un autre genre que sa fille. Quand on lui apporte du grain à moudre, elle en cache une partie. Elle va la nuit, avec son mari, voler du bois dans la forêt qui m'appartient. Elle vole du poisson dans mes étangs et va le vendre au marché. Jeannette voit tout cela et fait comme ses parents.

La promenade fut très agréable. On suivit un chemin qui entrait dans le bois. Les enfants virent de loin Jeannette, qui se sauva dans le moulin aussitôt qu'elle les aperçut.

CAMILLE. — Prenez garde! Jeannette nous lance des pierres!

En effet, cette méchante fille cherchait à atteindre les enfants avec des pierres tranchantes qu'elle lançait de toutes ses forces. Mme de Fleurville promit qu'elle ferait venir le père de Jeannette pour se plaindre.

Elles continuèrent la promenade puis s'assirent à l'ombre de vieux chênes chargés de glands.

Les enfants s'amusaient à en ramasser et à en remplir leurs poches, quand elles crurent entendre un léger bruit. Elles écoutèrent ; des gémissements et des sanglots parvinrent à leurs oreilles.

— Allons voir qui pleure, dit Camille.

Et toutes quatre s'élancèrent dans le bois, du côté où elles entendaient gémir. Ayant fait quelques pas, elles virent une petite fille de douze ou treize ans, couverte de haillons, assise par terre. Elle était si absorbée par son chagrin qu'elle ne les entendit pas venir.

— Pauvre petite, dit Madeleine, comme elle pleure !

A la vue des quatre enfants, la petite fille se leva et voulut s'enfuir.

CAMILLE. — Ne te sauve pas, n'aie pas peur, nous ne te ferons pas de mal.

MADELEINE. — Pourquoi pleures-tu ?

Elles avaient parlé avec tant de douceur que la petite recommença à sangloter, plus fort qu'auparavant. Marguerite et Sophie approchèrent.

LA PETITE FILLE. — Mes bonnes demoiselles, nous sommes dans le pays depuis un mois ; ma pauvre maman est tombée malade en arrivant ; elle ne peut plus travailler. J'ai vendu tout ce que nous avions pour avoir du pain, je n'ai plus rien ; j'ai même essayé de vendre ma robe au moulin, mais ils m'ont chassée, et une petite fille m'a lancé des pierres.

MARGUERITE. — Je suis sûre que c'est la méchante Jeannette.

LA PETITE FILLE. — Oui, sa mère l'a appelée ainsi et lui a dit d'arrêter, mais elle m'a attrapée au bras, si fort que j'en ai saigné. Ce ne serait rien si j'avais pu rapporter du pain pour ma pauvre maman; elle n'a rien mangé depuis hier.

SOPHIE. — Rien mangé! Mais alors... toi non plus!

LA PETITE FILLE. — Oh, moi je ne suis pas malade; je peux supporter la faim. D'ailleurs, j'ai mangé quelques glands.

CAMILLE. — Des glands! Pauvre enfant! Attends-moi, nous avons du pain et des prunes, je te les apporte.

— Oui! s'écrièrent d'une seule voix les autres petites. Donnons-lui notre goûter et demandons de l'argent à maman pour elle.

Elles coururent chercher leurs mamans. A leur retour, la petite fille n'avait pas encore touché au pain, ni aux fruits.

MADAME DE FLEURVILLE. — Mange, chère petite.

LA PETITE FILLE. — Merci bien, madame, je préfère les garder pour les porter à maman.

MADAME DE ROSBOURG. — Et toi, tu n'en mangeras pas?

LA PETITE FILLE. — Je n'en ai pas besoin, je suis forte.

En disant ces mots, la petite essaya de soulever le panier et fléchit sous son poids.

MADAME DE ROSBOURG. — Donne-moi le panier, je le porterai jusque chez toi. Où habites-tu ?

LA PETITE FILLE. — Ici tout près, à la lisière du bois.

MADAME DE FLEURVILLE. — Comment s'appelle ta maman ?

LA PETITE FILLE. — On l'appelle la mère La Frégate, mais son vrai nom est Françoise Lecomte.

MADAME DE FLEURVILLE. — Pourquoi l'appelle-t-on ainsi ?

LA PETITE FILLE. — Parce qu'elle est la femme d'un marin.

MADAME DE ROSBOURG, *avec intérêt*. — Où est ton père ?

LA PETITE FILLE. — Mon père est parti il y a quelques années ; on dit que son vaisseau a péri ; nous n'en avons plus entendu parler. Maman a eu tant de chagrin qu'elle est tombée malade. Nous avons vendu tout ce que nous avions pour manger.

MADAME DE ROSBOURG, *d'une voix tremblante*. — Sur quel vaisseau était ton père ? Et comment s'appelait le commandant ?

LA PETITE FILLE. — C'était la frégate *La Sybille*, commandant de Rosbourg.

Mme de Rosbourg poussa un cri et saisit la petite fille effrayée dans ses bras.

— Mon mari !... son vaisseau !.. Pauvre enfant, toi aussi tu es restée orpheline, comme ma pauvre Marguerite ! Ta pauvre mère pleure comme moi un mari perdu, mais vivant peut-être. Vite, conduis-moi près d'elle !

Et elle pressa le pas, tenant par la main la petite Lucie (c'était son nom). Mme de Fleurville et les enfants suivaient en silence. En peu de temps, elles arrivèrent à une triste masure.

C'était une hutte de bûcheron abandonnée et délabrée. Au fond de la cabane, une femme à peine couverte de haillons était étendue sur un tas de mousse. Aucun meuble, aucun ustensile de cuisine ne garnissait la cabane ; aucun vêtement n'était accroché aux murs. Mme de Rosbourg eut peine à retenir ses larmes à la vue d'une si profonde misère. Elle ouvrit le panier et partagea entre la mère et la fille le pain et les fruits qu'elles mangèrent avec avidité.

Elle attendit la fin de ce petit repas pour expliquer qu'elle était Mme de Rosbourg, femme du commandant de « La Sybille », et que la petite Lucie lui avait tout raconté.

— Je me charge de votre avenir, ma pauvre Françoise, ajouta-t-elle. En rentrant à Fleurville, je vais immédiatement vous envoyer une charrette qui vous conduira au village. Je m'occuperai de vous loger, de vous faire soigner, de vous procurer tout ce qui est nécessaire. Dans deux heures, vous aurez quitté cette habitation malsaine et misérable.

Et Mme de Rosbourg ne donna pas le temps à Françoise et à sa fille de revenir de leur surprise. Elle sortit précipitamment, suivie de Mme de Fleurville et des enfants. Aucune d'elles ne parla ; Mme de Rosbourg était absorbée dans ses tristes souvenirs, et ses enfants respectaient sa douleur. En approchant du village, Mme de Rosbourg proposa à Mme de Fleurville de venir avec elle visiter une maison qui était à louer depuis quelque temps et qui pouvait convenir à la pauvre femme. Elles se dirigèrent vers une maison, petite mais propre, et entièrement remise à neuf. Il y avait trois pièces, une cave et un grenier, un joli jardin planté d'arbres fruitiers et un potager.

— Chère amie, dit Mme de Rosbourg à Mme de Fleurville, pendant que j'irai chez le propriétaire de cette maison, ayez la bonté de rentrer au château et d'envoyer deux charrettes, une pour ramener madame Lecomte et une seconde qui apportera les meubles et les effets indispensables pour ce soir. La pauvre femme pourra dès aujourd'hui passer la nuit dans un bon lit.

Mme de Fleurville et les enfants partirent sans plus attendre. Les enfants, aidées d'Elisa, se chargèrent de rassembler tout ce qu'il fallait. Mais, quand chacune d'elles eut apporté les objets qu'elle croyait absolument nécessaires, il y en avait tellement qu'une seule charrette n'aurait pu en transporter la moitié. C'étaient des tables, des chaises, des fauteuils, des tabourets, des flambeaux, des vases, des casseroles, des cafetières, des tasses, des verres, des assiettes, des carafes, des balais, des brosses, des tapis, un pain de sucre, deux pains de six livres chacun, une marmite pleine de viande, une cruche de lait, une motte de beurre, un panier d'œufs, dix bouteilles de vin, toutes sortes de provisions en légumes, en fruits, en saucissons, jambons, etc., etc.

Quand Elisa vit cet amas d'objets inutiles, elle

se mit à rire si fort que Sophie et Marguerite se fâchèrent, et que Camille et Madeleine rougirent de contrariété.

— Pourquoi ris-tu, Elisa? demanda Marguerite avec animation. Il n'y a rien de risible à préparer des provisions pour une pauvre femme.

ELISA, *riant encore.* — Et vous croyez que votre maman enverra cet amas de choses inutiles?

SOPHIE, *piquée.* — Il n'y a que des choses très utiles!

ELISA. — Utiles pour une maison comme la nôtre; mais pour une pauvre femme? Comment et où pourrait-elle ranger tous ces meubles? Et tout ce pain serait sec avant qu'elle soit arrivée à la dernière bouchée. Et la viande serait gâtée avant qu'elle en ait mangé la moitié. Ce beurre, ces œufs, ces légumes? Tout serait perdu!

CAMILLE. — Mais toi-même, Elisa, tu as préparé des matelas, des oreillers, des draps et des couvertures...

ELISA. — Bien sûr, parce que c'est nécessaire pour passer une bonne nuit. Allons, laissez-moi faire; je vais arranger cela pour le mieux.

Chapitre XXI

INSTALLATION DE FRANÇOISE ET LUCIE

CAMILLE. — Maman, est-ce que nous pouvons accompagner Elisa à la petite maison blanche, pour préparer les lits et ranger les provisions de la pauvre Lucie et de sa maman? Ainsi, nous serons là pour les accueillir et voir leur surprise.

MADAME DE FLEURVILLE. — Oui, mes enfants; allez achever votre bonne œuvre et arranger tout pour le mieux. Moi, je reste ici pour écrire des lettres et préparer vos leçons de demain. Vous me raconterez!

MADELEINE. — Maman, pouvons-nous emporter une de nos chemises, un jupon, une robe, des bas, des souliers et un mouchoir pour Lucie, qui est en haillons ?

MADAME DE FLEURVILLE. — Certainement, c'est une très bonne idée. Emportez aussi du linge pour sa mère, et mon ancienne robe de chambre, en attendant que Mme de Rosbourg achète de quoi les habiller.

MADELEINE. — Merci ! Que vous êtes bonne !

Mme de Fleurville l'embrassa tendrement, et elles se mirent en route.

En arrivant à la maison blanche, elles trouvèrent Mme de Rosbourg qui faisait décharger la charrette ; les enfants aidèrent Elisa à faire les lits et à mettre en place les objets qu'on avait apportés.

Elles mirent aussi le couvert, ce qui ne leur prit que peu de temps. Elles placèrent la table au milieu de la cuisine, les deux chaises face à face, et les assiettes, les verres, le pain et la bouteille de vin sur la table. Elisa revint en courant ; elle apportait ce qui manquait, et du sucre pour faire du vin chaud pour Françoise.

— Voici encore une cruche à eau, nous n'y avions pas pensé, ajouta-t-elle.

Il restait quelques minutes à attendre, et Elisa en profita pour allumer le feu, préparer une bonne soupe et une omelette.

On vit enfin arriver la charrette, dans laquelle était étendue Françoise, plus faible et plus pâle encore. Sa tête reposait sur les genoux de la petite Lucie. Quand la voiture s'arrêta devant la porte, Mme de Rosbourg les aida à descendre. La pauvre Françoise n'eut pas la force de la remercier, mais son regard indiquait assez la reconnaissance dont son cœur débordait. Lucie était si inquiète pour sa maman qu'elle ne jeta pas un regard autour d'elle. Mais quand, rassurée, elle vit sa mère reposant dans du linge blanc, dans un bon lit avec des draps et des couvertures, son visage devint radieux. Elle regarda autour d'elle; des larmes de joie coulèrent sur sa figure et l'émotion lui coupa la parole. Elle ne put que se jeter à genoux et saisir la main de Mme de Rosbourg, qu'elle tint appuyée sur ses lèvres en éclatant en sanglots.

— Remets-toi, mon enfant, lui dit Mme de Rosbourg avec bonté. Calme-toi pour ne pas agiter ta mère; avec du repos et une bonne nourriture, elle se remettra vite. Voici Elisa, qui lui apporte une assiette de soupe et un verre de vin chaud sucré. Et toi, ma pauvre enfant, assieds-toi à table et mange le bon repas qu'Elisa t'a préparé.

Les enfants entraînèrent Lucie dans la pièce voisine et lui servirent son dîner, pendant qu'Elisa et Mme de Rosbourg faisaient manger Françoise. Lucie ne cessait de regarder autour d'elle, d'admirer, de remercier.

Quand elle eut fini de manger, les petites se précipitèrent pour l'habiller. Lucie se trouva admirablement vêtue, et courut se faire voir à sa maman qui, joignant les mains, la regarda avec admiration. Elle dit enfin d'une voix un peu plus forte :

— Chères demoiselles, chères dames, que le bon

Dieu vous bénisse et vous récompense ; qu'il vous rende un jour le bien que vous me faites ! Ma Lucie, si ton père pouvait te voir ainsi !

Elle retomba sur son oreiller, cacha sa tête dans ses mains et pleura. Mme de Rosbourg lui prit les mains avec affection et la consola de son mieux. Françoise se calma, essuya ses larmes et se laissa aller au bonheur de se trouver dans une maison bien propre, dans un bon lit avec du linge blanc et avec la certitude de ne plus avoir à redouter, ni pour Lucie, ni pour elle, les angoisses de la faim et du froid.

— Demain, ma bonne Françoise, dit Mme de Rosbourg, j'irai à Laigle pour acheter les meubles, les vêtements et les autres objets nécessaires à votre ménage. Mes petites et moi, nous viendrons vous voir souvent ; si vous désirez quelque chose, faites-le moi savoir. En attendant, voici vingt francs que je vous laisse pour vos provisions de bois, de chandelle, de viande, de pain et d'épicerie. Quand vous serez bien guérie, je vous donnerai de l'ouvrage ; ne vous inquiétez de rien ; dormez, mangez, prenez des forces, et priez le bon Dieu avec moi qu'il nous rende un jour nos maris.

Mme de Rosbourg appela les enfants qui dirent adieu à Lucie en lui promettant de venir la voir le lendemain, et les ramena au château.

Les enfants racontèrent à Mme de Fleurville la joie de Lucie et de sa mère et leur reconnaissance. Elles parlèrent avec volubilité toute la soirée. Elles continuèrent avec Elisa en allant se coucher. La nuit, elles rêvèrent de Lucie, et le lendemain matin, leur première pensée fut d'aller à la petite maison blanche. Quand Mme de Fleurville leur proposa de les y emmener, Mme de Rosbourg était partie depuis longtemps pour acheter les meubles promis la veille. Elles trouvèrent Françoise sensiblement mieux et levée; Lucie avait demandé à un petit voisin obligeant de lui faire un balai; elle avait nettoyé non seulement les chambres, mais aussi le devant de la maison. Les lits étaient faits avec soin, le bois qu'elle avait acheté était rangé en tas dans la cave; avec un de ses vieux haillons, elle avait essuyé la table, les chaises, la cheminée : tout était propre. Françoise et Lucie se promenaient avec délices dans leur nouvelle demeure quand Mme de Fleurville et les enfants arrivèrent. Elles apportaient quelques provisions pour le déjeuner. Lucie se mit à préparer le repas; les enfants lui proposèrent de l'aider.

LUCIE. — Merci, mes bonnes chères demoiselles, je m'en tirerai bien toute seule; il ne faut pas salir vos jolies mains blanches à faire le feu.

MARGUERITE. — Tu sais faire une omelette, une soupe?

LUCIE. — Oh, que oui, mademoiselle. J'ai fait des choses bien plus difficiles que cela. Quand maman travaillait, je faisais tout le ménage.

Mme de Fleurville et les enfants rentrèrent au château pour les leçons. Mme de Rosbourg revint à midi, et réquisitionna encore Elisa : après le déjeuner, on retourna chez Françoise, les enfants courant et sautant tout le long du chemin. Elles trouvèrent la mère et la fille folles de joie devant leurs trésors.

Meubles, vaisselle, linge, vêtements, rien n'avait été oublié. Cela prit un certain temps pour tout mettre en place. On courut chercher le menuisier pour clouer des planches ; on accrocha et raccrocha dix fois les casseroles ; presque tous les meubles firent le tour des chambres avant de trouver leur place. Chacune donnait son avis, criait, tirait, riait. Jamais Lucie n'avait été aussi heureuse ; son cœur débordait de joie. Les petites étaient tout aussi joyeuses. Sophie se promettait de toujours être charitable, de donner aux pauvres tout son argent de poche. La journée se termina par un repas excellent, que Mme de Fleurville avait fait apporter. Toutes dînèrent ensemble à la table neuve, avec la vaisselle et le linge de Françoise. On servit de la soupe, un gigot rôti, une fricassée de poulet, une salade et une tourte aux pêches.

Quand tout fut propre et rangé, Elisa et les enfants se retirèrent. Lucie aida sa mère à se coucher, puis se glissa entre les draps et s'endormit.

Chapitre XXII

SOPHIE VEUT EXERCER LA CHARITE

Sophie avait été fort impressionnée par l'aventure de Françoise et Lucie. Elle avait senti le bonheur qu'on a à faire le bien. Elle savait qu'elle aurait un jour une fortune considérable et, en attendant de pouvoir s'en servir à soulager la misère, elle désirait ardemment retrouver une autre Lucie et une autre Françoise.

Un jour, la mère Leuffroy, la jardinière, avec laquelle elle aimait bavarder, lui dit :

— Ah, mam'selle, il y a bien des pauvres que vous ne connaissez pas. Je connais une bonne femme, moi, par-delà la forêt, qui est tout à fait malheureuse. Elle n'a pas toujours un morceau de pain à se mettre sous la dent.

SOPHIE. — Où habite-t-elle? Comment s'appelle-t-elle?

MERE LEUFFROY. — Elle vit dans une maisonnette qui est à l'entrée du village en sortant de la forêt. Elle s'appelle la mère Toutain. C'est une pauvre petite vieille. Elle a quatre-vingt-deux ans. Elle travaille autant qu'elle peut, mais, dame!, ça ne va pas fort. Elle couche sur de la fougère et ne mange que du pain et du fromage, quand elle en a.

SOPHIE. — Oh, je voudrais bien la voir! Est-ce que c'est loin?

MERE LEUFFROY — Pour ça, non, mam'selle; une demi-heure de marche au plus; vous pouvez y aller en vous promenant.

Sophie ne dit plus rien mais forma en elle-même le projet d'y aller. Et, pour en avoir seule le mérite, elle résolut de le faire sans aide, sans en parler à personne, sauf à Marguerite avec laquelle elle était plus particulièrement liée.

Elle attendit donc que Marguerite fût seule pour lui raconter ce qu'elle savait de la misère de cette pauvre petite vieille et pour lui proposer d'aller la voir et la secourir.

MARGUERITE. — Je ne demande pas mieux; allons-y tout de suite, si maman le permet, et emmenons avec nous Camille, Madeleine et Elisa.

SOPHIE. — Mais non, Marguerite, il ne faut en parler à personne, cela sera bien plus beau d'y aller seules, sans être aidées de personne. Nous donnerons à la mère Toutain l'argent que nous avons pour nos menus plaisirs. Combien as-tu? Moi, j'ai trois francs vingt centimes dans ma bourse.

MARGUERITE. — Moi, j'ai deux francs quarante-cinq centimes. Mais, dis-moi, pourquoi est-ce mieux de nous cacher et d'aller seules chez cette bonne femme?

SOPHIE. — Parce que j'ai entendu ta maman dire, l'autre jour, qu'il ne faut pas s'enorgueillir du bien qu'on fait, et qu'il faut se cacher pour ne pas en recevoir d'éloges.

MARGUERITE. — Il me semble que je dois le dire au moins à maman.

SOPHIE. — Mais pas du tout! Si tu le dis à ta maman, ils voudront tous venir avec nous, ils voudront tous donner de l'argent. Et nous, que ferons-nous? Nous resterons là à écouter et regarder.

MARGUERITE. — Sophie, je crois que nous sommes trop petites pour aller toutes seules dans la forêt.

SOPHIE. — Trop petites! Tu as six ans, moi j'en ai huit, et tu trouves que nous ne pouvons pas sortir sans nos mamans ou sans une bonne? Ha, ha, ha! J'allais seule bien plus loin que cela quand j'avais cinq ans!

Marguerite hésitait encore.

SOPHIE. — Je vois que tu as tout simplement peur. Tu n'oses pas faire cent pas sans ta maman. Tu as peur que le loup ne te croque?

MARGUERITE, *piquée*. — Pas du tout, mademoiselle, je ne suis pas aussi sotte que tu le crois. Je sais bien qu'il n'y a pas de loups et je n'ai pas peur.

SOPHIE. — A la bonne heure! Partons vite! Nous serons de retour en moins d'une heure.

Et elles se mirent en route, sans se douter des dangers et des terreurs auxquels elles s'exposaient. Elles marchaient vite et en silence.

Marguerite ne se sentait pas la conscience tranquille. Sophie non plus. Elle craignait de l'avoir entraînée à mal faire.

— Nous serons grondées, se dit-elle.

— Connais-tu bien le chemin? demanda Marguerite.

— Certainement, la jardinière me l'a bien expliqué, répondit Sophie d'une voix assurée malgré la peur qui commençait à la gagner.

— Serons-nous bientôt arrivées?

— Dans dix minutes au plus tard.

Elles continuèrent à marcher en silence; la forêt était sans fin; on n'apercevait ni maison, ni village, mais le bois, toujours le bois.

— Je suis fatiguée, dit Marguerite.

— Et moi aussi, répondit Sophie.

— Il y a bien longtemps que nous sommes parties.

Sophie ne répondit pas : elle était bien trop agitée, trop inquiète pour dissimuler plus longtemps sa terreur.

— Si nous retournions à la maison? proposa Marguerite.

— Oh oui, retournons!

— Qu'est-ce que tu as, Sophie? On dirait que tu

as envie de pleurer.

— Nous sommes perdues ! dit Sophie en éclatant en sanglots.

— Perdues ! répondit Marguerite avec terreur, perdues !

— Je me suis probablement trompée de chemin, s'écria Sophie en sanglotant, à l'endroit où il y en a plusieurs qui se croisent.

Marguerite, la voyant si désolée, chercha à la rassurer.

— Console-toi, Sophie, nous finirons bien par nous retrouver. Retournons sur nos pas et marchons vite ! Maman et Madame de Fleurville seront inquiètes.

Sophie essuya ses larmes et elles revinrent à l'endroit où se croisaient plusieurs chemins exactement semblables.

— Quel chemin faut-il prendre ? demanda Marguerite.

— Je ne sais pas, ils se ressemblent tous.

— Tâche de te rappeler celui par lequel nous sommes venues.

Sophie regardait, rassemblait ses souvenirs, mais ne se rappelait pas.

— Je crois, dit-elle, que c'est celui où il y a de la mousse.

— Il y en a deux avec de la mousse ; mais il me semble qu'il n'y avait pas de mousse dans celui par lequel nous sommes venues.

— Oh si ! Il y en avait beaucoup !

— Je crois me rappeler que nous avons eu de la

poussière tout le temps.

— Pas du tout; c'est que tu n'as pas regardé à tes pieds! Prenons ce chemin à gauche, nous serons arrivées en moins d'une demi-heure.

Marguerite suivit Sophie et toutes deux continuèrent à marcher en silence.

Au bout d'une heure, pourtant, Marguerite s'arrêta.

— Je n'en vois pas la fin; je suis fatiguée.

SOPHIE. — Et moi donc, mes pieds me font horriblement souffrir.

MARGUERITE. — Asseyons-nous un instant; je ne veux plus marcher.

Elles s'assirent au bord du chemin; Marguerite appuya sa tête sur ses genoux et pleura tout bas. Sophie se désolait intérieurement et sentait combien elle avait mal agi en entraînant Marguerite. Elles restèrent assez longtemps sans parler.

Enfin, Marguerite essuya ses yeux et proposa à Sophie de se remettre en marche. Sophie se leva avec difficulté et elles avancèrent lentement. Le jour commençait à baisser, et la peur se joignit à l'inquiétude.

— Chère Marguerite, dit enfin Sophie, pardonne-moi; c'est moi qui t'ai persuadée de m'accompagner; tu es trop généreuse de ne pas me le reprocher.

— Pauvre Sophie, répondit Marguerite, pourquoi te ferais-je des reproches? Je vois bien que tu souffres plus que moi. Qu'allons-nous devenir, si nous sommes obligées de passer la nuit dans cette horrible forêt?

— C'est impossible, chère Marguerite, on nous enverra chercher.

— Si nous pouvions au moins trouver de l'eau !

— Tu n'entends pas le bruit d'un ruisseau dans le bois ?

— Je crois que tu as raison, allons voir.

Elles entrèrent dans le fourré en se frayant un passage à travers les épines et les ronces qui leur déchiraient les jambes et les bras. Après avoir fait ainsi une centaine de pas, elles entendirent distinctement le murmure de l'eau. L'espoir leur rendit courage. Elles arrivèrent au bord d'un ruisseau très étroit. Elles étanchèrent leur soif, se lavèrent le visage et les bras, s'essuyèrent avec leur tablier et s'assirent au bord du ruisseau. Le soleil était couché ; la terreur des petites augmentait avec l'obscurité ; elles ne se retenaient plus et pleuraient franchement. On n'entendait pas un bruit ; personne ne les appelait ; on ne pensait probablement pas à les chercher si loin.

— Il faut essayer, dit Sophie, de retrouver le chemin que nous avons quitté. Peut-être verrons-nous quelqu'un...

— Nous allons encore nous déchirer dans les épines, dit Marguerite.

— Il faut pourtant essayer !

Marguerite se leva en soupirant et suivit Sophie, qui chercha à lui rendre le chemin moins pénible en marchant la première. Après bien des efforts, elles se retrouvèrent sur le chemin. La nuit était tout à fait venue et elles ne voyaient plus où elles allaient.

Elles se décidèrent à attendre le lendemain.

Il y avait une heure environ qu'elles étaient assises près d'un arbre, quand elles entendirent un frou-frou dans le bois. Glacées de terreur, les pauvres petites avaient de la peine à respirer; le frou-frou approchait, approchait; tout à coup, Marguerite sentit un souffle chaud près de son cou; elle poussa un cri auquel Sophie répondit par un cri plus fort. Elles entendirent alors un gros animal qui s'enfuyait dans le bois. A moitié mortes de peur, elles se serrèrent l'une contre l'autre, n'osant ni parler, ni faire un mouvement, et elles restèrent ainsi jusqu'à ce qu'un nouveau bruit, plus effrayant, vînt leur rendre le courage de se lever et de chercher le salut dans la fuite. On entendait des branches se casser, un grognement mêlé d'un souffle bruyant, auquel répondaient des grognements plus faibles. Tous ces bruits venaient du bois et se rapprochaient du chemin. Sophie et Marguerite, épouvantées, se mirent à courir; elles se heurtèrent à un arbre dont les branches atteignaient presque le sol et s'élancèrent dessus, grimpant de branche en branche jusqu'à une bonne hauteur, à l'abri de toute attaque. Elles venaient d'échapper à un grand danger : l'animal qui arrivait droit sur elles était un sanglier suivi de ses sept à huit petits. Sophie et Marguerite claquaient les dents de peur.

Tout redevenait tranquille, lorsque le bruit d'une voiture ranima les forces défaillantes des pauvres petites. Bientôt, elles entendirent siffler l'homme qui conduisait la charrette.

— Au secours! crièrent-elles.

La voiture s'arrêta : l'homme écouta.

L'HOMME. — Qui diantre appelle au secours?

SOPHIE ET MARGUERITE. — Nous! Sauvez-nous!

L'HOMME. — Ce sont des voix d'enfants! Qui êtes-vous?

SOPHIE. — Je suis Sophie.

MARGUERITE. — Je suis Marguerite. Nous venons de Fleurville.

L'HOMME. — De Fleurville? Du château? Mais où êtes-vous?

SOPHIE. — Nous sommes dans l'arbre; nous ne pouvons pas descendre.

L'HOMME, *levant la tête*. — C'est ma foi vrai; faut-il que vous ayez eu peur, pauvres petites! Ne bougez pas; je vais vous descendre de là.

Et le brave homme grimpa de branche en branche. Enfin, il empoigna Marguerite.

L'HOMME. — Ne bougez pas, les autres, j'arrive. Combien êtes-vous?

MARGUERITE. — Nous sommes deux.

L'HOMME. — Bon, attendez-moi là, numéro deux.

Le brave homme descendit lestement, tenant Marguerite dans ses bras. Il la déposa dans la carriole et remonta chercher Sophie.

Une fois les deux petites installées, il fouetta son cheval qui repartit au trot. Puis, se tournant vers les enfants :

L'HOMME. — Alors, mes mignonnes, où

faut-il vous conduire?

SOPHIE. — Nous demeurons au château de Fleurville.

L'HOMME. — Et votre maman vous laisse aller si loin toutes seules?

MARGUERITE, *honteuse.* — Nous sommes parties sans rien dire.

SOPHIE. — Sommes-nous loin de Fleurville?

L'HOMME. — Je crois bien! Deux bonnes lieues! Nous ne serons pas arrivés avant une heure; ils doivent être inquiets au château!

Trois quarts d'heure plus tard, il s'arrêta devant le perron du château. Elisa, pâle, ouvrit la porte.

— Je vous ramène les enfants, dit l'homme. Il descendit Sophie et Marguerite dans ses bras.

ELISA. — Vite, vite, venez au salon, on vous a cherchées partout.

L'HOMME. — Bon, il faut que je rentre.

ELISA. — Où demeurez-vous? Comment vous appelez-vous?

L'HOMME. — Je demeure à Aube. Je m'appelle Hurel, le boucher.

ELISA. — Nous irons vous remercier, mon brave Hurel.

En entrant dans le salon, Marguerite se précipita dans les bras de Mme de Rosbourg. Sophie s'était jetée à ses pieds; toutes deux sanglotaient.

— Malheureuse enfant, dit Mme de Rosbourg, comment as-tu pu me causer une si terrible inquiétude? Je te croyais morte, nous t'avons cherchée toute la nuit.

— Chère madame, c'est à moi de demander pardon. C'est moi qui ai entraîné Marguerite. Je voulais aller aider une pauvre femme qui demeure de l'autre côté de la forêt, seule avec Marguerite pour ne partager avec personne la gloire de cet acte de charité. Marguerite a résisté, mais je l'ai entraînée. Nous avons été bien punies ! Jamais, à l'avenir, nous ne ferons rien sans vous consulter.

— Relève-toi, Sophie, dit Mme de Rosbourg avec douceur. Je te pardonne. Et toi, Marguerite, je te croyais plus obéissante et plus raisonnable.

Camille et Madeleine accoururent en poussant des cris de joie.

CAMILLE. — Où étiez-vous ? Que vous est-il arrivé ?

MARGUERITE. — Nous nous sommes perdues dans la forêt.

MADELEINE. — Comment avez-vous eu le courage d'y aller seules ?

SOPHIE. — Nous espérions aller chez la pauvre mère Toutain pour lui donner de l'argent.

CAMILLE. — Mais pourquoi ne nous avez-vous pas prévenues ? Nous y serions allées ensemble !

Sophie et Marguerite baissèrent la tête sans répondre.

Elisa entra, portant deux grandes tasses de bouillon.

ELISA. — Mangez, mes pauvres enfants, vous n'avez pas dîné.

MARGUERITE. — Nous avons seulement bu à un ruisseau que nous avons trouvé dans la forêt.

ELISA. — Pauvres petites ! Puis il faudra vous coucher ; vous devez être mortes de fatigue.

MADAME DE FLEURVILLE. — Vous voici retrouvées. A demain les détails ! Ce soir, contentons-nous de remercier Dieu de nous avoir rendu les enfants.

Sophie et Marguerite, après avoir embrassé tout le monde, allèrent se coucher. Et elles tombèrent dans un sommeil si profond qu'elles ne s'éveillèrent que le lendemain, à deux heures de l'après-midi !

Chapitre XXIII

VISITE CHEZ HUREL

La vallée de Laigle est connue pour son aspect animé, vert et riant. Le village d'Aube est sur la grand-route.

La maison d'Hurel était presque à l'entrée du village. Ces dames se la firent indiquer; elles descendirent de voiture et se dirigèrent vers la maison du boucher. Tout le village était aux portes; on regardait avec surprise ces deux élégantes voitures, et l'on se demandait qui pouvaient être ces belles dames qui entraient chez Hurel. Le brave homme ne fut pas moins surpris. Il ne reconnaissait pas les enfants qu'il avait à peine entrevues dans l'obscurité.

— Ces dames veulent-elles faire une commande de viande ? demanda Hurel.

— Merci, mon brave Hurel, interrompit en souriant Mme de Rosbourg. Ce n'est pas pour cela que nous venons ; nous venons nous acquitter d'une dette.

HUREL. — Une dette ! Madame ne me doit rien, je ne me souviens pas d'avoir livré à madame ni mouton ni bœuf.

MADAME DE ROSBOURG. — Non, pas de mouton ni de bœuf, mais deux petites filles que voici et que vous avez trouvées dans la forêt.

HUREL, *riant*. — Bah ! Pauvres petites ! Elles étaient dans un état à faire pitié.

MARGUERITE. — Sans vous, cher monsieur Hurel, nous serions sûrement mortes de fatigue, de terreur et de faim.

Et Marguerite se dressa sur la pointe des pieds pour l'embrasser. Le brave homme la souleva, lui donna un gros baiser sur chaque joue et dit :

— C'aurait été dommage de laisser mourir une bonne demoiselle comme vous. Et comme ça, vous aviez peur ?

MARGUERITE. — Oh oui, fort peur !

HUREL. — Asseyez-vous donc, mesdames ; Victorine, donne des chaises et apporte du cidre, du bon !

Tout le monde s'assit ; on causa et but du cidre à la santé d'Hurel et de sa famille. Au bout d'une demi-heure, Mme de Rosbourg demanda l'heure.

Hurel regarda son coucou.

— Il n'est pas loin de quatre heures, dit-il ; mais le coucou est dérangé, il ne marque pas l'heure juste.

Mme de Rosbourg tira alors de sa poche une boîte, qu'elle donna à Hurel.

— Je vois, mon bon Hurel, dit-elle, que vous n'avez pas de montre. En voilà une que vous voudrez bien accepter en souvenir des deux petites filles de la forêt.

— Merci bien, madame, mais en vérité vous êtes trop bonne ; ça ne méritait pas...

Il venait d'ouvrir la boîte et il s'arrêta, muet de surprise et de bonheur à la vue d'une belle montre en or avec une longue et lourde chaîne en or elle aussi.

HUREL, *avec émotion*. — Ma bonne chère dame, c'est trop beau. Vrai, je n'oserai jamais porter une si belle chaîne et une si belle montre.

MADAME DE ROSBOURG. — Portez-les pour l'amour de nous. Et songez que c'est encore moi qui vous serai redevable ; car vous m'avez rendu un trésor en me ramenant mon enfant, et ce n'est qu'un bijou que je vous donne.

Se tournant ensuite vers Mme Hurel et sa fille :

— Vous voudrez bien aussi accepter un petit souvenir.

Et elle leur donna à chacune une boîte qu'elle s'empressèrent d'ouvrir ; à la vue de belles boucles d'oreilles et d'une broche en or et en émail, elles devinrent rouges de plaisir.

Toute la famille fit à Mme de Rosbourg les plus

vifs remerciements.

Ces dames et les enfants remontèrent en voiture, entourées d'une foule de personnes qui enviaient le bonheur des Hurel et bénissaient la bonté de Mme de Rosbourg.

Chapitre XXIV

LA PARTIE D'ANE

MARGUERITE. — Maman, pourquoi ne montons-nous jamais à âne? C'est si amusant.

MADAME DE ROSBOURG. — J'avoue que je n'y ai pas pensé.

MADAME DE FLEURVILLE. — Moi non plus; mais il est facile de réparer cet oubli. On peut avoir les deux ânes de la ferme, et ceux du moulin et de la papeterie, ce qui en fera six.

CAMILLE. — Et où irons-nous, maman, avec nos six ânes?

SOPHIE. — Nous pourrions aller au moulin.

MADAME DE FLEURVILLE. — J'ai une idée

que je crois bonne.

CAMILLE. — Quelle idée, maman ?

MADAME DE FLEURVILLE. — C'est d'avoir un septième âne.

MARGUERITE. — Mais ce ne sera pas amusant du tout d'avoir un septième âne sans personne dessus.

MADAME DE FLEURVILLE. — Attends donc... L'âne transportera notre déjeuner dans la forêt de Moulins. Nous mangerons en plein bois.

— Charmant ! Charmant ! crièrent les quatre petites en battant des mains et en sautant. Quelle bonne idée !

— Je suis enchantée d'avoir si bien trouvé, répondit Mme de Fleurville. Je vais commander un déjeuner froid pour demain.

Les petites coururent chez Elisa pour lui demander de venir avec elles.

ELISA, *en les embrassant*. — Mes chères petites, je vous remercie de penser à moi et de m'inviter, mais j'ai autre chose à faire que de m'amuser. Je préfère rester à la maison et faire mon travail.

MADELEINE. — Quel travail ? Tu n'as rien d'urgent à faire !

ELISA. — Je dois finir vos robes de mousseline, faire des manches, des cols, des jupons, des che...

MARGUERITE. — Assez, assez ! Grands dieux, c'est toi qui feras tout cela ?

ELISA. — Et qui donc ? Vous, par hasard ?

CAMILLE. — Oui, nous t'aiderons pendant deux jours.

ELISA, *riant.* — Merci bien ! Allons, à chacun son travail. Amusez-vous ; mon devoir à moi est de travailler.

L'air sérieux d'Elisa mit un terme à l'insistance des enfants.

— Dieu ! Que la matinée est longue ! dit Sophie après deux heures de bâillements et de plaintes.

— Nous allons dîner dans une demi-heure, répondit Madeleine.

SOPHIE. — Et encore toute la matinée à passer ! Quand donc arrivera demain ?

MARGUERITE, *avec ironie.* — Quand aujourd'hui sera fini.

SOPHIE, *piquée.* — Je sais très bien qu'aujourd'hui ne sera pas demain, que demain n'est pas aujourd'hui, que... que...

MARGUERITE. — Que demain est demain, et que M. la Palisse n'est pas mort.

SOPHIE. — C'est bête ce que tu dis ! Tu crois avoir plus d'esprit que les autres...

MARGUERITE, *vivement.* — Et je n'en ai pas plus que toi. C'est cela que tu voulais dire ?

SOPHIE, *en colère.* — Non, mademoiselle. Ce n'est pas cela que je voulais dire. Mais en vérité, vous me faites toujours parler si sottement.

MARGUERITE. — C'est parce que je te laisse dire.

CAMILLE, *d'un air de reproche.* — Marguerite !

MARGUERITE, *l'embrassant.* — Chère Camille, pardon, j'ai tort. Mais Sophie est quelquefois... si... je ne sais comment dire.

SOPHIE, *en colère*. — Voyons, dis tout de suite bête ! Ne te gêne pas !

MARGUERITE. — Mais non, Sophie, je ne voulais pas dire bête, tu ne l'es pas, mais... un peu... impatiente. Depuis deux heures, tu bâilles ; tu t'ennuies, tu regardes l'heure, tu répètes sans cesse que la journée ne finira jamais...

SOPHIE. — Où est le mal ? Je dis tout haut ce que vous pensez tout bas.

Mme de Rosbourg jugea nécessaire d'intervenir.

MADAME DE ROSBOURG. — Marguerite, tu prends la mauvaise habitude de te moquer, de lancer des paroles piquantes, qui blessent ou irritent.

MARGUERITE, *courant se jeter dans ses bras*. — Chère maman, pardonnez-moi.

(Allant vers Sophie). — Pardonne-moi, Sophie ; je ne recommencerai plus.

Sophie l'embrassa de tout son cœur. Le dîner fut annoncé, puis la soirée se passa gaiement.

Le lendemain, quand sa toilette fut faite, Sophie courut à la fenêtre et vit avec bonheur sept ânes sellés et rangés devant la maison. Elle descendit précipitamment et les examina tous.

— Celui-ci est trop petit, dit-elle. Celui-là est trop laid, avec ses poils hérissés. Ce grand gris a l'air paresseux, ce noir me paraît méchant ; ces deux roux sont trop maigres ; ce gris clair est le meilleur et le plus beau : c'est celui que je garde pour moi. Pour que les autres ne le prennent pas, je vais attacher mon chapeau et mon châle à la selle. Elles voudront toutes l'avoir, mais je ne céderai pas.

Pendant que, songeant uniquement à elle, elle choisissait ainsi son âne, Nicaise et son fils, qui devaient les accompagner, plaçaient les provisions dans deux grands paniers, qu'on attacha sur le bât de l'âne noir.

Mme de Fleurville, Mme de Rosbourg et les enfants arrivèrent.

MADAME DE FLEURVILLE. — Choisissez vos ânes, les enfants. Commençons par les plus jeunes. Marguerite, lequel veux-tu ?

MARGUERITE. — Cela m'est égal, madame, ils sont tous bons.

MADAME DE FLEURVILLE. — Eh bien, je te conseille de prendre un des deux petits ânes ; l'autre sera pour Sophie ; ils sont excellents.

SOPHIE, *avec empressement*. — J'en ai déjà pris un, le gris clair.

MADAME DE FLEURVILLE. — Comme tu es pressée de choisir celui que tu crois être le meilleur, Sophie ! Ce n'est pas très aimable pour tes amies, ni très poli pour Mme de Rosbourg et moi-même. Mais puisque tu as fait ton choix, tu garderas ton âne, et peut-être le regretteras-tu.

Sophie était confuse. Camille et Madeleine ne dirent rien et montèrent sur les ânes qu'on leur désigna ; Marguerite réprima une malice et sauta sur son petit âne.

Toute la cavalcade se mit en marche : Mmes de Rosbourg et de Fleurville en tête, Camille, Madeleine, Marguerite et Sophie suivant, Nicaise et son fils fermant la marche avec l'âne aux provisions.

On commença par aller au pas, puis on donna quelques petits coups de fouet qui firent prendre le trot aux ânes. Tous trottaient, excepté celui de Sophie qui ne voulut jamais quitter son camarade aux provisions. Elle entendait rire ses amies ; elle les voyait s'éloigner et, malgré tous ses efforts et ceux de Nicaise, son âne s'obstina à marcher au pas. Bientôt les cinq autres ânes disparurent ; elle resta seule, pleurant de colère et de chagrin ; le fils de Nicaise, touché par ses larmes, la consola :

— Faut pas pleurer pour si peu, mam'selle. Moi qui connais cet âne, je vous aurais dit que c'est un fainéant et un entêté. Il n'en fait qu'à sa tête ! Des plus grands que vous s'y seraient trompés aussi ! Au retour, vous le passerez à mam'selle Camille, qui est si bonne qu'elle le prendra tout de même et vous donnera le sien, qui est excellent.

Sophie ne répondit pas mais rougit.

Elle fit toute la route au pas. Quand elle arriva à la halte désignée, elle vit tous les ânes attachés à des arbres ; mais ses amies n'y étaient plus. Elles avaient voulu l'attendre, mais Mme de Fleurville voulait donner une leçon à Sophie et ne le permit pas. Lorsqu'elles revinrent à la halte, leurs visages roses et épanouis contrastaient avec la figure triste de Sophie.

— Ton âne ne voulait pas trotter, ma pauvre Sophie ? lui dit Camille d'un ton affectueux en l'embrassant.

— J'ai été punie de mon sot égoïsme, ma bonne Camille. Aussi ai-je décidé de prolonger ma pénitence en reprenant le même âne pour revenir.

— Oh, non ! Tu ne l'auras pas ! s'écria Madeleine. Il est trop paresseux.

— Puisque je l'ai choisi, je le garderai jusqu'au bout, dit Sophie avec gaieté.

Et Sophie se joignit à ses amies pour préparer le déjeuner. On entama d'abord un énorme pâté de lièvre, ensuite une daube à la gelée, puis des pommes de terre au sel, du jambon, des écrevisses, de la tourte aux prunes, et enfin du fromage et des fruits.

MARGUERITE. — Quel bon déjeuner ! Ces écrevisses sont excellentes.

SOPHIE. — Et comme le pâté était bon !

CAMILLE. — La tourte délicieuse.

MADELEINE. — J'avais une faim affreuse.

MADAME DE ROSBOURG. — Veux-tu encore un peu de vin ?

MARGUERITE. — Je veux bien, maman. A votre santé !

Tous les enfants demandèrent du vin et burent à la santé de leurs mamans. Le repas terminé, on fit une autre promenade dans la forêt.

Nicaise et son fils rangèrent les restes du repas et la vaisselle dans les paniers.

— Papa, fit le petit Nicaise, il ne faut pas que mam'selle Camille ait le bourri fainéant de mam'selle Sophie. Mettons-lui sur le dos le bât aux provisions.

— Fais, mon garçon, fais comme tu l'entends.

Quand les enfants et leurs mamans revinrent, elles trouvèrent les ânes sellés, prêts à partir. Sophie se dirigea vers son âne gris clair et fut surprise de le voir chargé des provisions. Nicaise lui expliqua que son fils ne voulait pas que mam'selle Camille restât en arrière.

— Mais c'était mon âne, et pas celui de Camille.

— Mam'selle a dit à mon garçon que ce serait le sien pour revenir.

Sophie ne répondit pas; dans son cœur, elle se comparait à Camille et reconnaissait sa propre infériorité. Sophie sauta sur l'âne noir. Tous partirent au trot, puis au galop. Le retour fut plus gai encore que le départ, car Sophie ne resta pas en arrière.

Au retour, Mme de Fleurville ouvrit une lettre qu'on venait de lui remettre.

— Mes enfants, dit-elle, je vous annonce une heureuse nouvelle : vos oncles et tantes et vos cousins m'écrivent qu'ils viennent passer les vacances chez nous. Ils seront ici après-demain.

— Quel bonheur ! s'écrièrent toutes les enfants. Quelles bonnes vacances nous allons passer !

Les vacances et les cousins arrivèrent peu de jours plus tard.

Le bonheur des enfants dura deux mois, pendant lesquels il se passa tant d'événements intéressants que le présent volume ne pourrait en contenir le récit. Mais j'espère pouvoir vous les raconter un jour.

Table des matières

Dépôt légal : 5.92/0058/85

ISBN : 2-8006-2154-0

N° d'impression 9449205
Imprimé en Italie